軟弱者の戦争論

憲法九条をとことん考えなおしてみました。

由紀草一
Yuki Soichi

PHP新書

はじめに

本書で私が提案したいのはたった一つです。

日本の平和主義——日本国憲法三大原理の一つであり、戦後日本の国是(こくぜ)というべきこれについて、徹底的に考えてみませんか?

憲法改正の前提となる国民投票法案は先送りされ、陸上自衛隊のイラクからの撤退も決まりまして、日本の軍事問題は小休止状態です。それでも、「戦争」はわれわれ日本人にとって、かつてより具体味を帯びてきているのは確かです。小泉の次の総理がだれになるかによって、あるいは北朝鮮の出方一つで、日本の状況も世論もこれまで以上に大きく動く可能性があります。

その流れに棹差(さおさ)す提案だな、と思われてもしかたありませんけど、また実際、そういう時期だからこそできるだけ頭を冷やして、個人で考えることが可能な範囲のことは考えておかなければならないのではないかと多くの人に呼びかけたいという、おせっかいな動機もありますが、そのほかに私なりの長年の思いもあります。

まず、関連しそうな事柄について自己紹介をしておきましょう。

私は戦争は好きではありません。明らかに向いていません。いやまあ、元来、殺し合いに向いている人というのはそんなにいるものではないんでしょうけど、私の場合、特に、運動神経はゼロですし。他人とのもめごとはとても嫌いですし。もし私が戦場へいったら、なんてちょっといっただけで知り合いはみんな大笑いしそうです。「小学生のほうがまだしも足手まといにならないんじゃないか?」とかなんとかいって。悔しいけど、そのとおりです。

私はいわゆる右翼ではありません。天皇制は支持しますけど。それは、立憲君主体制のほうが共和制よりいいんじゃないかと思うからです(というか、共和制なら大統領が必要なんですよね? だれがなるの? と思うとどうもな、くらいのものなんですが)。天皇家に特別な思い入れはありません。ロイヤル・ファミリーについては、家内のほうがずっとくわしいです。

私は愛国者ではありません。最近、年のせいか日本食は以前より好きになりましたが。できればこのまま死ぬまで日本に住みつづけたいとは思っていますが。それ以外にはべつに。スポーツが苦手なせいもあって、オリンピックやWBCやサッカーのワールドカップやらをテレビ観戦はしても、日本勢が負けてもそんなに残念とは思いません。

もっと深刻な話題でも、大東亜戦争に関する論争で、日本人はひどいことをしたんだといわれれば、それはいまの日本にもひどいことをする人はいるんだから、やったんだろうな、と思います。いや、日本人は立派なことをやったんだ、といわれれば、それはまあ、立派な行いはいまと同様むかしもあったろうな、とも思います。重要な問題であることに異論はありませんけど、そんなに過剰に気にしてもなあ、というのが正直なところです。

こういう私が私なりに国のことを考えてきて、いまこう思うようになっています。

たぶん日本は、憲法九条を改正し、再軍備、と呼ばれることをやったほうがいいのではないでしょうか。

ただ、条文そのものよりもっと問題なのは、戦後の日本人が、この憲法とともに培(つちか)ってきた独特の精神、ふつう平和主義と呼ばれるものだと私は考えています。これを再検討して、できれば、乗り越えるべき時期にきたのではないでしょうか。

なぜ私がそう思うのか、それを説明するのが、つまり本書の中身です。

たぶんもうおわかりでしょうが、私の立場といえば、一人の日本人ということしかありません。現実政治の問題や具体的な軍事の問題は、自分の目にふれた狭い範囲のことしかいえません。正直、そういうことは最終的には専門家にまかせるしかないと思っています。

それでも憲法が改正されるとしたら、国民投票にかける必要があるわけですし、国民主権の建て前からいっても、日本国民一人ひとりが、日本が今後、歩むべき道の根本については考えなくてはならない。そこで私も考え、ほかの人が考えるうえで多少の参考になることを期して、本書をまとめた次第です。

目次

軟弱者の戦争論

はじめに

第1章　戦争は絶対悪なのか

第2章 一九九〇年代前半に見えてきたこと

第4章 憲法を支える／憲法によって支えられる心理

第1章
戦争は絶対悪なのか

回路の外から眺めると

まず、私が戦後日本の平和主義について抱いている違和感を大ざっぱに申し上げます。日本が戦争をできないのはなぜかというと、日本国憲法で禁じられているからだ、という答えが返ってくることがもっとも多いですね。そして、この憲法はすばらしいともよくいわれます。なぜなら、戦争を禁じているから。

ここに、完全に閉じた循環論法が見出せます。「日本国憲法は戦争を禁じているからよい」↔「よい憲法が禁じているのだから日本は戦争ができない」というように、互いが根拠になり、判断・主張にもなり合っているのです。戦後思潮の主流は、なるべくこの回路のなかにとどまろうとし、一歩でも外へ出ようとするものは危険とみなしてきたように感じられます。

私は、戦争など大嫌いな軟弱者であるにもかかわらず、これにはかなり長いこと違和感をもってきました。何かが足りない、あるいは、非常に重大な何かに、故意に目をつぶっているように感じられたのです。これを、できるだけ論理的に明らかにしてみましょう。

戦争を禁止している九条の精神を、もうすこし具体的にいうとどうなるか。一九四七（昭和二十二）年、文部省（当時）が中学一年用の社会科の教科書として発行した『あたらしい憲法のはなし』が、この場合、参考になりそうです。この本は五〇年には副読本になり、五二年には消えました。現在、著作権が消滅したので、復刻もされ、よく引用されています。以下は、第六項「戦争の放棄」の全文です。

みなさんの中には、こんどの戦争に、おとうさんやにいさんを送りだされた人も多いでしょう。ごぶじにおかえりになったでしょうか。それともとうとうおかえりにならなかったでしょうか。また、くうしゅうで、家やうちの人を、なくされた人も多いでしょう。いまやっと戦争はおわりました。二度とこんなおそろしい、かなしい思いをしたくないと思いませんか。こんな戦争をして、日本の国はどんな利益があったでしょうか。何もありません。ただ、おそろしい、かなしいことが、たくさんおこっただけではありませんか。戦争は人間をほろぼすことです。世の中のよいものをこわすことです。だから、こんどの戦争をしかけた国には、大きな責任があるといわなければなりません。このまえの世界戦争のあとでも、もう戦争は二度とやるまいと、多くの国々ではいろいろ考えましたが、またこんな大戦争をおこしてしまったのは、まことに残念なことではありませんか。

そこでこんどの憲法では、日本の国が、けっして二度と戦争をしないように、二つのことをきめました。その一つは、兵隊も軍艦も飛行機も、およそ戦争をするためのものは、いっさいもたないということです。これからさき日本には、陸軍も海軍も空軍もないのです。これを戦力の放棄といいます。「放棄」とは、「すててしまう」ということです。しかしみなさんは、けっして心ぼそく思うことはありません。日本は正しいことを、ほかの国よりさきに行ったのです。世の中に、正しいことぐらい強いものはありません。

もう一つは、よその国と争いごとがおこったとき、けっして戦争によって、相手をまかして、じぶんのいいぶんをとおそうとしないということをきめたのです。おだやかにそうだんをして、きまりをつけようというのです。なぜならば、いくさをしかけることは、けっきょく、じぶんの国をほろぼすようなはめになるからです。また、戦争とまでゆかずとも、国の力で、相手をおどすようなことは、いっさいしないことにきめたのです。これを戦争の放棄というのです。そうしてよその国となかよくして、世界中の国が、よい友だちになってくれるようにすれば、日本の国は、さかえてゆけるのです。

みなさん、あのおそろしい戦争が、二度とおこらないように、また戦争を二度とおこさないようにいたしましょう。

現在までの、憲法を守ろうと唱える人びと、いわゆる護憲派の基本的な論理はほとんどすべて入っていることがわかります。ここで足りないこととは何でしょう。

この文では最初に、大東亜戦争の悲惨さが述べられています。まことに失うもののみ大きく、得るところのないいくさだった、と。そのとおりですし、戦後二年目のこの時期には、こういう言葉は、いまとは比較にならない切実さで、人びとの胸に響いたでしょう。「戦争は人間をほろぼすこと」だ、と。

もっともこの時期でさえ、戦争放棄など実現不可能なたわごとだ、という人もいたようです。歴史家・半藤一利は、「そこ（憲法）にある戦争を永遠に放棄するの条項に、それは武者震いの出るほど、わたくしには素晴らしいことのように思えた」のに、お父さんに、「馬鹿か、お前は。人類が存するかぎり、戦争がなくなるはずはない。そのためには人間がみんな神様にならなきゃならん」といわれ、「なんて親父は現実主義者なんだと、大そう憤慨した覚えが残されている」（『日本国憲法の二〇〇日』）と書いています。護憲派＝理想家、改憲派＝現実家、という見取り図は、憲法発布当時からできあがっていたことがわかります。

ただ、一足飛びに人間性の根本にいったりすると、毎度おなじみの不毛な言い合いになってしまいます。それ以前の段階で立ちどまって考えてみましょう。このような深刻な反省は、日本が戦争に負けたからこそ、出てきたのではないでしょうか。戦勝国も、甚大な被害があったにちがいないのですが、それでも、戦争そのものがいけない、とまではいわれません。

それもそのはずです。たとえば、この戦争にアメリカが参加しなかったらどうだったか。いわゆる連合国は、枢軸国（日本、ドイツ、イタリア）に勝つことができたのか、どうか。そこを踏まえてなお、あらゆる戦争は悪だから、アメリカ参戦を決めたフランクリン・ルーズベルトは悪い大統領だった、といえますか？

ルーズベルトに関しては、しばらく前から次のようなことがいわれています。彼はアメリカ史上唯一、四期務めた大統領だった（それまでは慣習的に二期までだった。現在は憲法で正式に二期までと決まっている）。四選目のときは、一九三九年に始まった第二次世界大戦には参戦しないことを公約していた。だから、イギリスや中国からいかに望まれても、ドイツや日本に戦争を仕掛けることはできなかった。そこで、日本を罠にかけることにした。ＡＢＣＤ包囲網で経済的に締め上げ、満州からの即時撤退など、とうてい呑まないとわかっている要求をハル・ノートで突きつけて、挑発した。そして、たまりかねた日本の攻撃が、宣戦布告前になったことを奇貨として、これをだまし討ちだと非難し、「リメンバー・パールハーバー」なる標語までつくって、日本討つべしの世論をアメリカ国内につくりあげ、うまうまと自国を戦争に参加させることができたのだ、と。

これがほんとうかどうか知りませんが、ほんとうだったとしても、ルーズベルトを非難できる人がいるでしょうか。特に、「大きな責任があるといわなければなりません」とされている「こんどの戦争をしかけた国」＝日本としては。日本のした戦争は悪だった、といえばいうほど、それを負かしたアメリカの戦争は善だ、ということになりませんか？　すると、悪い戦争といい戦争がある、ということになるのではないですか？

「正しい戦争」も捨てられた

それでいて日本国憲法は「いい戦争」と「悪い戦争」がある、という区別そのものを否定しているといわれます。あるいは、「やむをえない戦争」さえダメなのだ、と。

その最初の端的な表現は、一九四六（昭和二十一）年六月、現憲法が旧憲法の改正案として衆議院に上程されたときの、吉田茂首相（当時は自由党）の答弁のなかに見られます。たとえば二十八日、野坂参三（共産党）は、戦争には二種類あって、「不正の戰爭」としての侵略戦争に対して、防衛戦争は「正しい戰爭と云つて差支へない」から、「一體此の憲法草案に戰爭一般拋棄と云ふ形でなしに、我々は之を侵略戰爭の拋棄、斯うするのがもつと的確ではないか」と問うています。これに対する答弁（国会議事録は、帝国議会のものを含めてすべて「国会会議録検索システム」http://kokkai.ndl.go.jp で読むことができます。明らかなまちがいを訂正した以外は、原文のとおり引用します。これ以後同じ）。

又戰爭拋棄に關する憲法草案の條項に於きまして、國家正當防衛權に依る戰爭は正當なりとせらるるやうであるが、私は斯くの如きことを認むることが有害であると思ふのであります（拍手）近年の戰爭は多くは國家防衛權の名に於て行はれたることは顯著なる事實であります、故に正當防衛權を認むることが偶偶戰爭を誘發する所以であると思ふのであります、又交戰權拋棄に關する草案の條項の期する所は、國際平和團體の樹立にあるのであります、國際平和團體の樹立に依つて、凡ゆる侵略を目的とする戰爭を防止しようとするのであります、併しながら正當防衛に依る戰爭が若しありとするならば、其の前提に於て侵略を目的とする戰爭を目的とした國があることを前提としなければならぬのであります、故に正當防衛、國家の防衛權に依る戰爭を認むると云ふことは、偶々戦争を誘發する有害な考へであるのみならず、若し平和團體が、國際團體が樹立された場合に於きましては、正當防衛權を認むると云ふことそれ自身が有害であると思ふのであります、御意見の如きは有害無益の議論と私は考へます（拍手）。

大むかしのことは知らず、近代の戦争はほとんどすべて防衛戦争の名で行われたことにまちがいはないでしょう。だから、戦争に正だの不正だのの区別はつけず、すべての戦争を禁ずるのだ、そうでなければ戦争を放棄したことにはならないのだ、というのは、まことに筋の通った、潔い正論に見えます。いまでもこれに反論できる人は多くないと思います。

そこをあえて突っ込んでみます。これは日本がする戦争だけを禁じているのです。

日本国憲法に、他国がどうするかまで書き込むことはできないのだから、当たり前だ、と思われるかもしれません。けれど、ほかの外交交渉は、ともかく両国が納得して合意しないかぎり何事も始まりませんが、戦争だけは、どちらか一方が戦争だ、といえばそれで始まってしまいます。日本だけが一方的に「禁じる」と宣言したところで、せいぜい、日本がする可能性がある戦争のうち、半分をなくすことができるだけなのです。

吉田は、憲法九条は「国際平和団体の樹立」を期するものだと明言しています。それは、あらゆる国際紛争を戦争を用いないで解決できる団体でなくてはならない。であればこそ、すべての国に、あらゆる戦争を禁ずることができるのです。そんなものができる見込みがあるのかどうか。少なくとも、現在の国連にはできないことは明白です。日本以外の先進国は例外なく交戦権を否定していませんし、国連そのものも、明白な侵略には軍を出せることになっています（国連憲章第四二条）。

ただ、常備軍としての国連軍が創設される見込みはいまのところまったくありませんので、たいていはアメリカなどの先進国がその代役をすることになっています。吉田の答弁が正しいとしても、九条が期待するような世界はどこから見てもまだ到来しておらず、各国が独自に判断して、「不正な戦争」に対処せざるをえない、そのための「やむをえない戦争」は当然ある、とされているのが国際社会の偽らざる現実だと考えざるをえないのです。

懲罰と欺瞞の戦争放棄

そのような世界でもなお吉田の言葉が色褪（いろあ）せないのは、どんなに「正しい戦争」であっても、必ず罪のない人びとに多大な犠牲を強いる現実が厳然としてあるからです。それを忘れてはなりません。ただ、それだから日本だけでも、どんな場合でも戦争はやらないことにしよう、ではやっぱり論理の飛躍があります。そこを納得させ、国民にこの条項を心から受け入れさせるためには、ある種の心理的な黙契（もっけい）があったことがうかがわれます。

その一つは、前述したように、大東亜戦争ではみんなほんとうにひどい目にあった、もうどんな戦争でもしたくない、という切実な思いだったでしょう。が、それ以外にも。

ほかでもない、大東亜戦争は、日本が一方的に悪かった、日本さえじっとしていたら、そもそも起こらない戦争だったのだ、という認識です。この条文をつくったアメリカは、日本に手を焼いたので、その牙は抜いておこう、というつもりだったのでしょう。彼らも心から戦争の廃絶を望んでいたとしたら、日本にそうさせるだけではなく、当のアメリカでもそのような条項を憲法に入れようと図ったはずですから。

このことは最初からけっこう明らかだったのではないかと思います。半藤一利は前掲書で、この憲法がアメリカ製であったことくらい、学生だった自分を含めて、周りはみんな知っていた、と述べています。それなら、そんなことをするアメリカの意図を忖度（そんたく）すれば、要するに自分の都合からだ、とすぐに見当がついたはずです。

しかし、それはいわないことにした。大東亜戦争の非は全面的に日本にあるのだ、と心から信じた人もいるでしょうし、すこしは疑問があっても、それで平和になるなら、そういうことにしておいてもたいした問題ではない、と思った人もいるでしょう。

こうして、深い葛藤もなく、日本が一方的に悪かったのだからとして、一方的な戦争の放棄も受け入れられたのです。いわば懲罰としての戦争放棄です。それを「日本は正しいことを、ほかの国よりさきに行ったのです」などという理想として押し出すのは、きびしくいえば欺瞞(ぎまん)ではないでしょうか。

ところが、それを黙って受け入れることが、日本が前非(ぜんぴ)を心から悔い、反省している証拠であると考えられます。逆に、大東亜戦争は日本だけに一方的に非があるのではない、とか、再軍備をしよう、などというと、十分に反省していないしるしなので、危険思想とみなされます。この心性はその後も現在までずっと残り、平和論を支えています。これについてくわしくは第4章で検討します。

もう一ついうと、吉田は、右のようにいいながらも、日本が将来「国際平和団体」の一翼を担(にな)うことについてはあまり深く考えていなかったようです。九条を抱える日本も加わってそれができたあとでもなお、「侵略を目的とする戦争を目的とした国」が登場した場合、日本は何ができるのか……。

なんて、敗戦ですべてを失った時期の日本人に考えろと要求するのは無理ですわな。ただ日本は、経済大国とやらになったあとでも、そういうことは不問に付してきたのです。一九九〇年八月までは。これについては第2章で述べます。

日本はすぐに絶対平和主義を捨てた

さて、この「理想」を現実に移すのに、どのような方策があったのでしょう。アメリカの占領から独立したあとの日本は、この課題に直面しなければならない、はずでした。

まず、アメリカの態度が変わり、それに応じて日本も防衛政策を変える、というか、戦争を完全に放棄したなら防衛も何もないはずなのですが、これが登場します。

一九五〇（昭和二十五）年元日に、マッカーサーは「年頭声明」を出し、そのなかで「この憲法の規定は日本人がみずから考え出したものであり、もっとも高い道義的理想に基づいているばかりでなく、これほど根本的に健全で実行可能な憲法の規定はいまだかつてどこの国にもなかったのである」としながらも、すぐあとに次のように続けたのです。「この憲法の規定は、たとえどのような理屈を並べようとも、相手側から仕掛けてきた攻撃に対する自己防衛の侵しがたい権利をぜんぜん否定したものとは絶対に解釈できない」（古関彰一『九条と安全保障』より引用）。

これを受けて、吉田茂は一月二十三日の施政方針演説で、「戦争放棄の趣意に徹することは、決して自衛権を放棄するということを意味するものではないのであります」と述べ、また二十八日には佐竹晴記（社会革新党）や世耕弘一（公正倶楽部）の質問に答えて「武力によらざる自衛権」はあると強調しました。

以下、摘要を年表ふうに記しておきますと。

一九五〇（昭和二十五）年六月。朝鮮戦争が起きると、マッカーサーは、韓国支援のため投入された米軍の穴を埋めるため、七月八日の吉田首相宛て書簡で、国内警察力と海上警備力の強化を指示。八月、日本政府はこれにしたがい警察予備隊を設置。

一九五二（昭和二十七）年。サンフランシスコ平和条約と日米安全保障条約の発効にともなって警察予備隊は増強され、保安隊と名が変わる。十一月二十五日、法制局は「戦力」に関する統一見解を発表。それによると、「憲法九条第二項は、侵略の目的たると自衛の目的たるとを問わず戦力の保持を禁止している」が、戦力とは「近代戦争に役立つ程度の装備、編成を具えるもの」（今井一『「憲法九条」国民投票』より引用）のことであり、保安隊と（海上）警備隊は設置目的からしても装備編成からしても戦力とは呼べない、とした。

一九五三（昭和二十八）年。日米相互防衛援助協定（ＭＳＡ協定）に基づく防衛二法（自衛隊

法・防衛庁設置法）審議（翌年、可決）。保安隊は自衛隊となって、空の戦力、つまり航空自衛隊も保持するにいたる。その性格については、十一月、衆議院予算委員会で松村謙三（改進党）の質問に対する吉田の答弁「アメリカ軍が撤退して、日本の保安隊が自衛隊となって、そして直接侵略にも備えるということになれば、従来の性質を一歩進めたものといわざるをえないと思います。しかしながらそれが軍隊でありやいなやということについては、軍隊という定義にもよりますが、これにいわゆる戦力がないことは明らかであります」などが「戦力なき軍隊」という言葉になってよく知られている。

昭和二十年代には、戦力云々の禅問答ふうの議論がくりひろげられながら、ちゃんと自衛隊はできました。この状態では、日本はあらゆる戦争を悪とみなして放棄したんだ、なんぞと、胸を張っていえなくなったのは明らかですね。

それだから野党をはじめとする反政府勢力は、これはなしくずしの再軍備であり、戦前への回帰（いわゆる逆コース）だと批判しつづけてきました。では、正しい道筋を彼らは示せたでしょうか？　つまり、絶対平和へいたる方策は、実現可能なものとしてあったのでしょうか？　これこそ検討されねばなりません。

「無防備都市」の実質的効力

まず、現在でもよく聞く議論に、日本は国防のことなど考えなくてもいい、というのがあります。それにも大ざっぱに二種類あって、日本を侵略する国などないから軍隊はいらない、というのと、侵略されたらアメリカが守ってくれるから大丈夫、というものです。

その情勢判断が正しいかどうか、ここで問うのはやめます。おわかりかと思いますが、彼らは軍備や戦争を否定しているのではない。ただ、いまのところ日本には不必要だといっているだけです。ですから、明白に日本侵略の意図を示す国が登場したり、アメリカが日本を守ってくれないことが明らかになったら、すぐにでも国防軍の設置に賛成するのでしょう。

ジョージ・オーウェルは、「平和主義者。彼らが暴力を『放棄』できるのは、他の人間が彼らに代わって暴力を行使してくれるからだ」(『ナショナリズムについて』)と第二次世界大戦終結の年に記しています。約半世紀後、ロバート・ケーガンはこういいました。「ヨーロッパがカント流の永遠平和を実現できるのは、アメリカが万人に対する万人の戦いというホッブズ流の世界の掟に従って軍事力を行使し、安全を保障しているときだけである」(『ネオコンの論理』)。ヨーロッパの実情はどうだか知りませんが、ここを日本に置き換えた場合、この言葉を超えることができる平和主義者はめったにいないようです。

私が問い質したいのは、こういうのではなく、原理的な平和主義です。どういう状況になろうと、武力を否定することがほんとうにできるのかどうか。この問いにまともにぶち当たるまでは、平和主義は不十分なままでしかないと思いますから。ほんとうに非武装中立で、つまり自分は武力をもたず、アメリカなどの戦力にもぜんぜん頼らないで、なんとかやっていこうという人たちが、この日本にも、少数ながらいることはいます。

彼らの頼みの綱は、たとえばジュネーブ条約です。一九七七年にできたその追加議定書（正式には国際的武力紛争の犠牲者の保護に関する追加議定書）五九条には「無防備地区」というのがあります。簡単にいうと、戦争のとき、「この地区には軍隊も軍事施設もなく、占領されてもいっさい抵抗はしない」と宣言された場所を攻撃してはならない、という内容です。それなら最初から、ここは「無防備都市」なんだと宣言しちまおう、という運動が最近、各地で展開されています。

これに関しては、平時にそんな宣言をしてもぜんぜん無効であること、また宣言は「適当な当局」が行わなければならないが、どこの国でも軍隊は国家が管理するものだから、地方自治体はそんな「適当な当局」にはなりえない、など、法手続き上に難点があることはつとに指摘されています。

しかし井上ひさしは、「この無防備地域の考え方は、日本国憲法の前文および第9条の非武装平和主義にうながされてできたもの」であって、「やがて日本全体が無防備地域になり、日本をオープン・ネーションにしてしまうことも可能なわけです」（『憲法を変えて戦争へ行こうという世の中にしないための18人の発言』）などとのたまわっています。

もし将来、日本がこういうオープン・ネーションになったら、私がアメリカの大統領だったら、さっさと日本を再占領してしまいます。そのための軍事的なリスクはぜんぜんないわけですし、こうなったら「早い者勝ち」なんですから。他国にやられる前にやらなけりゃいけない、というだけでも十分な根拠になります。

その後は？　そうですねえ、アメリカの五一番目の州にするか、そうでなければまた憲法をつくりかえて、アメリカのためにだけ働く軍隊をつくらせて、形だけ独立させましょうかねえ。そりゃ、ハーグ陸戦条約（正式には「陸戦ノ法規慣例ニ関スル条約」並びに同附属書「陸戦ノ法規慣例ニ関スル規則」、一九〇七年署名）四三条「占領地の法律の尊重」違反だって？　だって、一九四六（昭和二十一）年にはもうやってるんですよ。一度やって、よかったものなら、もう一回やってもいいんじゃないですか？

銃口を向けられても非暴力を貫く勇気はあるか？

ここでさらに、いや、侵略には抵抗する、ただし、国家に頼らず、非武装で、という人びとの言葉にも耳を傾けましょう。小林直樹（『憲法第九条』）など、憲法学者にはけっこういるのですが、最近の文章として、法哲学者・井上達夫の「九条削除論」（『リベラルからの反撃』所収）を引きます。

（前略）絶対平和主義は、まさに一切の戦争を不正とすることによって正義理念に深くコミットしている。それは不正な侵略者に対して、正義を棚上げにした忍従を我々に勧めるどころか、むしろ果敢な抵抗を要求する。自衛権を放棄しているわけでは毛頭ない。ただし、武力侵略という暴力に対して自衛戦争という暴力で対抗するのは、侵略者と同じ不正を犯すものだとして、非暴力的手段による抵抗を呼びかける。例えば、侵略者の銃弾に倒れながらも不服従を示すデモ行進、サボタージュ、ゼネストなどを続けることである。「殺されても、殺し返さず抵抗する」ことを要請する絶対平和主義は、マハトマ・ガンジーやキング牧師の非暴力抵抗の思想に連なる。

なるほどねえ。武力で侵略されても、武力では対抗しないので、征服されてしまうかもしれないが、その征服者から、「オレのために戦え」などと命令されても、従わない、たとえ殺されても。これで絶対平和主義は貫徹されるわけだ。

井上（ひさしじゃなくて達夫。念のため）はこの主義は、単なる観念論ではなく、圧倒的な軍事力をもつ相手には、弱小な軍事力で対抗するより、完全に道義的な非暴力抵抗運動によって国際世論に訴えたほうが実効性が高いという、現実的判断からもきている、といいます。あるいはそうかもしれません。で、どうです？　国際世論とやらを喚起するために、銃口の前に立たされてもなお正義を訴えつづけるだけの勇気が、あなたにはありますか？　ガンジーやキング牧師なみの偉人になれ、ということなんですけど？

私同様に軟弱でも、自分の軟弱さを認める程度の強さがある人なら、きっと答えてくれるでしょう。憲法九条のおかげで、日本は二度と戦争に巻き込まれず、自分や自分の家族・友人が戦争で死ぬことはないんだと思えばこそ、これを支持してきたのだ。九条を体を張って守らなければならないとしたら、第一なんのための平和主義だ、と。

九条を保持しながら、その解釈をいろいろこねくりまわして、一方でアメリカや自衛隊に頼っているのは欺瞞だ、とも井上はいいます。そんな欺瞞に護憲派を含めた国民全員が陥るくらいなら、いっそこの条項はすべて削除して、憲法に頼らず、絶対平和主義の道を歩め、と。かなりの正論だ、と思います。

それだけに、野党や護憲派の人びとが、ここまではいえず、「戦力ではない」とかなんとかいいながら自衛隊を増強していくという、自民党のごまかしを、結果から見れば容認してしまった事情もわかります。九条が、「世界のどの国とも仲よくやっていこう」というようなお気楽なものではなく、これほどきびしい覚悟を要求するものだとしたら、賛成してくれる人はずっと少なくなってしまうと予想されますから。

たしかに、井上のいうほどではなくても、大理想を掲げるなら、それに応じた現実のリスクを負うのが当然のはずではあります。よきものがタダで手に入るほど、世の中は甘くないのです。それには目をつぶってきた戦後の日本のごまかしは、もう覆うべくもなく現れてきているのではないでしょうか。

他人が殺されるのを我慢できるか

さらにもっと議論を詰めることができます。非暴力不服従主義は、こちら側からの戦争を完全になくすことはできます。しかし、道義、モラルとしても完璧かとなると、まだ考えなくてはならない問題が残されています。自分に対する暴力は、抗議だけはしても甘んじて受けるとして、**他人に対する暴力はどうするのだ**、というのがそれです。

日本では三好十郎という、いまでは一般には忘れられた劇作家がこの問いを立てています。日本が名実ともに独立し、「あたらしい憲法のはなし」が出たのと同じ一九五二（昭和二十七）年に彼が書いたエッセイ「抵抗のよりどころ」（『日本および日本人』所収）の最後の部分を次に引用します。前半は井上が述べていることと同じですが、それでなお「残る問題」に注目してください。

私は今後、どこの国のだれが私に武器を持たせてくれても、ていねいにことわつて、それを地べたに置くでしょう。武器というのはサーベルから原子兵器にいたるすべての人殺しの道具です。外国人がくれても日本人がくれても、地べたに置いて、使いません。そうすると、ばあいによつては私は処罰されるかもわかりません。それは怖いし、イヤです。なるべくそういうことにならないように相手にたのみます。しかしどうしても処罰されるのだつたら、それを受けます。たぶん、即座に殺されるということはないだろうと思います。いずれにしろ怖いが、しかし武器を取つて人を殺すほど怖くはないでしょうから。

暴力＝軍事力にたいする私の抵抗は、じつはたつたこれだけのことです。もちろん、このことからいろいろ派生してくる問題はありますが、それらはみな副次的なことで、右の一つのことさえ私が実行できるならば、そのほかのことは、そのときどきになんとか処理できるだろうと思います。

残る問題は、まえに書いた肉体と感情の弱さのことです。自分の目の前で、なんの罪もない同胞がバタバタ殺されるのを見せられても、最後まで、私は武器を取らないでいられるだろうかという問題です。

これは、目下のところ、いくら考えてもハッキリわかりません。なんともいえない。もしどこかの国の軍隊が侵略の意図でもつて日本の国土をふみにじり、日本人を虐殺しはじめ、そしてその事実が疑いようのない形でわれわれに確認され、私の怒りが完全に私をもえあがらせたばあいは、もしかすると、私はナイフを取つてでも眼前の敵を刺し殺すかもわからないし、またもしかすると、私とおなじ考えをもつた人たちとともに、パルチザン部隊をつくつて、敵と戦うにいたるかもわからない。

もし万一そうなつたばあいは、私は悲しみ、あきらめるでしょう。私という人間の成長の程度が、現在のところ残念ながらその程度で、また私と同じような人びとも私と同様まだ不完全で弱いと思い、その不完全と弱さのゆえをもつて戦わざるをえない運命を、人間全体のために悲しみ、あきらめます。（後略）

この悲しみはよくわかります。一度ナイフをとって敵を殺してもよいと認めてしまったら、より効率のよい殺し方（それはこの場合、「なんの罪もない同胞がバタバタ殺される」のをもっと効果的に防ぐ方法、ということになります）を求めて、鉄砲からライフルそして機関銃へ、爆弾からミサイルへと、すぐに進歩するのは必然であり、それをとめるだけの論理的・倫理的な契機は見出せなくなってしまいます。それではせっかくの非暴力主義も御破算です。

そうであるならば、なんの罪もない人びとが虐殺されていくのを見ても、じっとしていられるだけの「強さ」を身につけて、はじめてこの主義は完成することになります。しかしここまでくれば、もはやヒューマニズムも道義も飛び越えた、一種の宗教です。何かしらこの世ならざるものの支えがなければ、決して到達することはできないでしょう。

さてそれで、到達してからどうなるか。そこまで踏み込んで考えた人は、三好と、あとすこしはいます。せっかくですから、彼らの足取りを瞥見しておきましょう。

人間性の果てるところまで飛び越えていけるのか

一九四八（昭和二十三）年、三好は、日本に実際にいた良心的兵役拒否者をモデルにした戯曲「その人を知らず」を書いています。実在の青年は「エホバの証人」の名で知られるものみの塔の信者で、大東亜戦争中、一家中で兵役を忌避したのですが、三好はそれを、キリスト教とはまったく関係のない家の子で、教会でたまたま「殺す勿れ」と教わっただけで、出征を拒否する者の劇にしました。実際にそれだけで、国家からの要請を正面から拒否する人がいるかどうか。いたら私は、思想信条がどうあろうと、心から尊敬します。

さて、しかしこういう人物がいた場合、家族はたいへんな目にあうことになります。この時代だったら当然、近所でも勤務先でも、白い目で見られますから。三好の劇のなかでは、主人公の父親は首を吊って死にます。弟は兄を恨んで、志願して南方へいき、そこで戦死します。母親は心労のあまり精神を病みます。家族中でただ一人、兄の理解者だった妹は失明します。彼の思想は、それだけの代償を払ってでも貫かなければならないほどのものだったのかどうか。

いや、戦争を拒絶するのはまちがっていないのだから、悪いのはそういう人やその家族を圧迫する国家や世間のほうだ、というのは論理的には正しいです。それでもなお、世界中が、日本だけではなくキリスト教国であるアメリカ・ヨーロッパまで「まちがった」戦争をしているときに、自分一個が信じる正義のために、結果的にであれ、周囲に犠牲を強いるのは、やはり一種のエゴイズムではないのか。三好の劇の主人公は、そう問われて、返答することはできません。ただ、許し合ってください、と訴えるだけです。

キリスト者なら、それでもいい、というよりはむしろそうすべきなのかもしれません。「だれでも、父、母、妻、子、兄弟、姉妹、さらには自分の命まで捨てて、私のもとに来るのでなければ、私の弟子となることはできない」（「ルカ伝」一五章二六節）とイエスはいっているのですから。逆にいえば、そこまですることはできない大多数の平凡人は、いつまでも、人間関係のしがらみのなかで、もがき苦しむしかないのです。

苦しみが無意味だとは決して申しません。むしろ、人間のなかでもっとも偉大なものと呼ばれていいでしょう。ただそれは、人間の根本的な不完全さから生じてくる苦しみなのですから、一般的な解決策などはありえません。あるように見せかけるのは欺瞞です。

バカは侵略者に勝てるか

次に、たぶん世界でもっとも有名な、無抵抗主義の作家にご登場願いましょう。レフ・トルストイがその人です。この人ほど戦争をよく知っている文学者もまれでしょう。なにしろ若いころ軍人として、その激しさ、きびしさから近代戦争の始まりともされるクリミア戦争に従軍したのですから（一八五三年）。その後、思索を深め、ついにいっさいの真理は福音書にありとして、国家も、俗権に妥協している教会も、自分の家庭をも否定していく歩みは、ほんとうに偉大なものです。

トルストイの無政府主義・無抵抗主義をいちばんわかりやすく開陳した例は、一八八五年に発表された寓話（ぐうわ）「イワンのばか」にあります。もとの民話は日本でも比較的よく知られていますね。バカな農夫イワンは、その素朴さのために悪魔の罠にかからず、かえって悪魔からたちどころにどんな病気でも治してしまう木の根を手に入れて、瀕死のお姫様を助け、その婿（むこ）となるのです。

トルストイはこのお話の続きを書きました。やがて王様が亡くなってその跡を継いだイワンは、バカなので、王様らしくふるまうことなどできず、農民の暮らしにもどってしまいます。お妃様になったかつてのお姫様も、やっぱりバカだったので、「妻は夫に従うものだわ」と、これまた農婦になってしまいます。一方、イワンにやっつけられた小悪魔の親玉である老悪魔は、さまざまに復讐の手段をめぐらします。その一つに、イワンの国の隣のタラカン王（油虫王、の意味らしいです）をそそのかして、侵略させる、というのがありました。

さて、兵士たちが進軍してきますが、バカの国の農夫たちは戦おうとはせず、なんでも奪われるにまかせ、「もしお前さんたちの国で暮らしに困っているのなら、こっちへ引越して来なさい」などというばかり。兵士たちは拍子抜けして、これでは戦争にならないから、どうぞ別の国へ派遣してくれ、と王に頼みます。王は怒って、あらためて兵士たちに、掠奪（りゃくだつ）・暴行を命じます。そうしなければ追放だ、と。

兵隊どもは驚いて、王の命令どおりにやりはじめた。家や穀物を焼き、家畜を殺しはじめた。が、ばかたちはただ泣くばかりで、だれも自分を守ろうとするものはない。老人たちも、老婆たちも、小さい子どもたちも、だれもかれもみな泣くだけだった。「なんのために」と彼らは言うのだった。「おまえさんがたはわしらをいじめるのかね？　なんのために、わしらのものを無駄にしてしまうんだね？　もしおまえさんに入用だというなら、みんな持って行って使ったらええだに。」

兵隊どもは悲しい気分になってしまった。彼らはもう前へは進まないで、間もなく八方へ逃げ散ってしまった。

これが無抵抗主義の成果ですか。うーん、しかしこううまくはいかないんじゃないかなあ。私が油虫王だったとしたら、もちろん兵士に暴行はさせません。なんでもくれるといっている人間に対して、どうしてそんなことをするものですか。そこはトルストイの考えたとおりです。そのかわり、彼らを奴隷にして、生産物はすべて取り上げ、その後、労働のために最低限必要なぶんだけは返してあげます。「おやさしい油虫王様がおまえたちにくださるのだ。ありがたく受け取れ」とかなんとかいって。これはトルストイと同国同時代の大作家ドストエフスキーが、「カラマーゾフの兄弟」中の寓話「大審問官」で述べている方法です。バカが相手だったら、うまくいって、完璧な権力がもてるんじゃないですかね。

それにしても、穀物や家畜を余分にもっていても腐るだけじゃないかって？　そこはそれ、売って金に換えるという手があります。いつまでも腐らない金（初期には文字どおりのゴールドが使われたわけですね）にするという手段で富を蓄積する方法こそ、悪魔が人間を陥れた最大の罠なのかもしれません。

それはトルストイの洞察の範囲にあったことでしょう。彼が理想としたバカのイワンは、この誘惑からも逃れることができました。悪魔がたくさん黄金をくれても、「キラキラしているきれいなもの」としか思えないイワンでは、堕落しようがありません。けれど、これで堕落させられたほかの人間の害からまで逃れられるかどうかは疑問ですね。トルストイも、家族を守ろうとする賢い奥さんを説得できず、財産を放棄することはとうとうできなかったのです。

熱病のような好戦気分と水のような冷静さ

この大作家はこれ以前に、兵士ではなく思想家としても、現実の戦争の問題に直面しています。

世界史のおさらいをしますと、十七世紀以来、ロシアとオスマン・トルコはバルカン半島を舞台に断続的に戦争をしてきました。十九世紀になるとロシアの軍事的な優位は明らかになり、クリミア戦争では、トルコはロシアの勢力拡大に脅威を感じたイギリス、フランス、プロイセンにオーストリアとサルデーニャ王国（のちにイタリアを統一した）の救援でやっと勝てたのです。

そして一八七〇年代、再びバルカン情勢は危なくなりました。イスラム教国であるオスマン・トルコ帝国の支配下に置かれていたボスニア・ヘルツェゴビナ、ブルガリア、セルビア、モンテネグロといった、二十世紀末にユーゴスラビア分裂騒動でまたまた大揺れに揺れることになるキリスト教の国々で、民族蜂起が起きたのです。するとロシアは汎スラブ主義（これらの国々の民族の大部分はロシアと同じスラブ人だから、同胞だという名目）を掲げ、オスマン・トルコに圧迫されている民衆を救うのだとして、再び兵をあげました。一八七七年のことです。

この年トルストイは、三大長編の二番目である「アンナ・カレーニナ」を完成させました。問題になったのはその最終巻である第八篇で、彼はこのころロシアじゅうに澎湃として沸き上がった「トルコ撃つべし」の声に非常に冷ややかな態度を示し、ためにそれまでこの長編を連載してきた『ロシア報知』に掲載を拒否されました。

トルストイはこのころまだ、前に述べたような絶対的な無抵抗主義にまで到達していたわけではありません。「アンナ・カレーニナ」の主人公の一人で、作者の思想の代弁者とみなされるレーヴィンも、まだまだ迷っています。

それでも、まるで熱病のような好戦気分ははっきり批判しています。民衆は何も知らず、宣伝に乗せられているだけなのではないか。他国人でも同じ民族であるという理由で、その苦しみを自分のことのように感じる民衆というのは、いったいどこにいる？　自分は民衆の一人だ、しかし、そんなものはぜんぜん感じない、とレーヴィンはいいます。それなのに、苦しんでいるとされる人のために義捐金を出すのはよいとしても、人殺しにいくなんてできない、と。

これに対してはずいぶん反論もあったでしょう。雑誌に掲載を断られたくらいですから。すぐに読めるものだと、かのドストエフスキーが定期刊行していた個人誌『作家の日記』中のものがあります（一八七七年七・八月号、第二・三章）。

ドストエフスキーは戦争そのものをよしとする人でしたし、東ローマ帝国からギリシア正教を受け継いだロシアには、元来、この帝国の都だったコンスタンチノープル（現イスタンブール）をオスマン・トルコから奪還する当然の権利と義務がある、などと唱えるタカ派の好戦家でした。そして、このころ伝えられていたトルコ軍の残虐行為はすべて事実である、とも述べています。ブルガリアでは、ある娘の前で父親が生皮を剝がされた、別の娘は、トルコ兵がまだ赤ん坊の弟の目をつぶし、さらにとがった杭に尻から突き刺して、長いあいだ苦しませて殺した一部始終を目にしたので、精神を病んでしまった、云々。

一般に、イスラム教徒のほうが、キリスト教徒や仏教徒より、戦場で残酷にふるまうのは事実なんでしょう。アルカイダも人質の首を斬ったりしているわけですし。それでも、ほんとうの事情をぜんぜん知らないままにいってしまうのですが、こういう話はたいてい、全部が全部ウソではないにしろ、誇張されがちなものだと思います。人間心理に対してあれほど深い洞察を示したドストエフスキーが、こういうのをただちに信じるナイーブさには驚かざるをえません。

子どもを見殺しにしてもよいか？

私はこの点では、トルストイの冷静さのほうに好感をもつ者です。しかしドストエフスキーが次のようにいっていることには、やはり考慮が払われなければならないと思います。

（前略）一つこういう場面を想像してみよう。もうレーヴィンは銃剣を持って、戦場に立っている、そこから二歩ばかり離れたところには、トルコ人が早くも子供を手にかかえて、針で目を突き刺そうと、さも気持よさそうに身がまえている。七つになる姉がけたたましい叫びをあげながら、弟を取り返そうと、気ちがいのようになってトルコ人に跳びかかっている。ところが、レーヴィンはもの思わしげにたたずんで、狐疑逡巡している。

「どうしたらいいかわからない。僕は何も感じない。僕自身が民衆なのだ。スラヴ民族の迫害に対しては、直接の感情などありはしないし、またあり得ないのだ。」

いや、まじめな話が、われわれにあれだけのことを言い放ったあとで、彼としてはたして何ができよう、いったい子供を見殺しにしたものか、すぐさまトルコ人の悪党の手からもぎはなさないでおいたものか？

「そう、もぎはなすのだ。しかし、それでも、トルコ人を突き飛ばすのが、大へんではなかろうか？」

「なに、突き飛ばすさ！」

「突き飛ばす、だって！　しかし、相手が子供を渡すのを承知しないで、サーベルを引き抜いたらどうする？　ことによったら、トルコ人を殺さなけりゃならんかもしれんじゃないか？」

「なに、殺すさ！」

「いけない、どうして殺せるものか！　だめだ、トルコ人を殺すわけにはゆかない。いや、もう勝手に子供の目を突き刺させ、なぶり殺しにさせておいて、僕はキチイのところへ帰ろう。」

要するにレーヴィンはこういうふうに行動しなければならないのだ。これは彼の信念と、彼の言ったこと全部から、直接出てくる結果なのである。（後略）

バルカン半島でほんとうにこういうことが行われていたと仮定して、それでも、レーヴィンがこのような状況に立たされる可能性はないでしょう。彼はトルコ軍と戦うために出かけていったりはしませんから。いかない、とはっきり言明しているわけですから。それで彼にとって問題は何もない……ことになりますか？　うーん、そうなるでしょうねえ。

では、ドストエフスキーがいっているほどではないにしろ、現に迫害されていたブルガリアやボスニア・ヘルツェゴビナの人びとはどうなるのか？　それは放っておくのか？　というありがちな問いに対しては、遺憾(いかん)ながらそうせざるをえない、これはよいこととはいえないが、非難する権利はだれももっていない、なぜなら、この世の中にごまんとある悲惨なことのすべてに関心をもち、積極的にかかわることなど、何人(なんぴと)にもなしえないから、と答えることになるでしょう。すべての人がだれかを見殺しにしているのです。「汝（なんじ）らのうち罪なき者、この女を石もて撃て」ですね。

同じことは国と国とのあいだにもいえます。ロシアがトルコに対して一方的に正義漢面できるでしょうか？　露土戦争の要因はもちろんさまざまにありますが、十九世紀になってからだと、黒海から地中海へと勢力を伸ばしたいロシアの野望が大きかった、つまり、ロシアのほうが戦争により積極的だったことはヨーロッパでは常識であり、それがクリミア戦争での英仏のトルコへの肩入れを招いたのです。

民族・宗教差別についても、ロシアはユダヤ人排斥運動（ポグロムと呼ばれます）がけっこうさかんな土地でした。ちなみに、ユダヤ人は金の力で国を腐らせるなどといって、この差別を正当化したのもドストエフスキーです。なんかこの人、小説家としてはいままでで世界最高だと私も思いますけど、思想的にはまことに因業（いんごう）な右翼のおっさんだったんですね。

そういうわけで、バルカン半島の民衆を見殺しにする結果になるからといって、トルストイが道徳的に非難されるいわれはありません。

非暴力主義の原理的な問題

しかし、では、逆はどうでしょう？　自分の側に一〇〇パーセントの正義があるわけではないという理由で、現にだれかが迫害されるのをやめさせようとしない人は、やめさせようとする人より道徳的にすぐれているのでしょうか？

それもまた、ありえません。実際にはこういう場合、復讐心に支配された救援側が、最初の迫害者がやったことよりもっとひどいことをしでかすのは、よくあることではあります。けれど、そういうことをしでかす前には、やっぱり正義の一部が彼らの側にあることは認めざるをえないでしょう。

それから、全体の事情を斟酌すれば、かなり自分勝手ともいえる正義感であっても、それに従って行動する人がいなかったら決して救われない人がいたのだし、いまもいることも、事実として認めなければなりません。

ここで非暴力主義の原理的な問題点をまとめておきましょう。ドストエフスキーがトルストイの代弁者たるレーヴィンについていっていることは、非暴力主義者に、論理学でいう次のようなディレンマ（両刀論法）を突きつけているのだとみなすこともできます。

「現に暴力がふるわれようとしているとき、非暴力主義者はどうするのか。こちらも暴力によってやめさせるとすれば、そこで非暴力主義は破綻する。一方、何もしないでおくとしたら、それは暴力がふるわれるのを消極的に認めることだから、やはり破綻する。ゆえに非暴力主義は成り立たない」

論理学の本にはこういう場合の反論の仕方が書いてありますね。まず穏やかなものだと、右の二つの前提を「角」とみなして、「角のあいだをすり抜ける」というのがあります。暴力をふるおうとしている人間も人間であるかぎり、説得してやめさせることができる可能性はゼロではない。ゆえに、この場合でも暴力のみが解決策ではなく、非暴力主義は成り立ちうる、というのがさしずめそれでしょう。

うーん、理屈はそうですが、現実的にはどうでしょう。説得なんていとまもなく、どんどん人が殺されていった話は、近現代の歴史のなかに数多くあります。「相手が子どもを渡すのを承知しないで、サーベルを引き抜いた」ような状況は決してまれではないのです。その場合は?

論理学には、もっと狡猾(こうかつ)な「反駁(はんばく)」があります。次のようにいえばいいのです。「暴力を使って他人の暴力をやめさせれば、相手の暴力を否定したことになる。暴力を使わなければ、自分の暴力を否定したことになる。どっちにしても、非暴力主義は成り立っている」。

こういうわけで(かな?)非暴力主義は理念としてはずっと消えずに残ります。一方で、現実の暴力もまた、残ります。これはただ論理上の、言葉のうえだけの問題ではなく、現実の行動のうえでもたえず問題になってくるアポリア（解決できない難問）です。

戦後日本にもこのアポリアが現れています。その根源は以下に由来します。平和を守るために武器が必要だといえば、すぐに、なんだかヘンだと感じられます。小学生にもわかる、明らかな矛盾がそこにはあります。そこでこれを一挙に解決しようとして、われわれは、武装しないと宣言して、逆向きの方向から矛盾をひっかぶってしまったのです。

壮大な実験ではありました。けれどもうそろそろ、矛盾は矛盾として、どう対処すべきか、考えるべきときです。弱い人間は何かのごまかしがなければ生きていけないのは確かだとしても、もうすこしマシな方向へいける可能性くらいは信じないと、何かいったりやったりする甲斐が、全部吹き飛んでしまいかねませんから。

観念的なお話はここでひとまずやめて、次章では、一九九〇年代初頭に日本が直面した現実のアポリアを見ていくことにします。

註としてのコラム ❶

第九条は戦争を容認している？

日本国憲法第九条は、すべての戦争を禁止していると私は長いことそう思ってきた。素直に条文を読めばそうとしか思えない。私も長いことそう思ってきた。また、最初にこのアイデアを出したマッカーサーもそのつもりだったことは、一九四六（昭和二十一）年二月四日、彼が右腕のホイットニー准将（じゅんしょう）を通じて民政局に渡した、いわゆる「マッカーサー・ノート」で明らかである。新しい憲法の骨子たるべく示された三原則のうち、二番目は以下のとおり。

国家主権としての戦争は廃止される。日本は、紛争解決の手段としての戦争、さらに自己の安全を保持するための戦争をも、放棄する。日本は、その防衛と保護を、今や世界を動かしつつあるより崇高な理想に委ねる。

日本が陸海空軍を持つ権能が与えられることはなく、交戦権が与えられることもない。

ごらんのように、ここには、自衛のための戦争も明確に禁止されている。憲法の条文がこのとおりであれば、その後、現在にまでいたる、神学論争にもたとえられる複雑怪奇な条文解釈上の争いもなかったろう（が、憲法そのものがすぐに改正された可能性が高い）。自衛権まで放棄するのは行きすぎだろうと考える日米双方の人物が、その種をまいておいたのである。

同月十三日に日本政府側に草案が手渡されたときには、「自己の安全を保持するための戦争をも」（and even for preserving its own security）の部分は削除されていた。これは民政局次長ケーディス大佐の考えによる。のちに削除の理由を聞かれたケーディスは、「（自衛権もないのは）非現実的だと思ったから」だと答えたという（西修『日本国憲法を考える』）。

また、そのほかの部分は、一九二八年に締結され、フランス・アメリカ・ドイツ・日本などをはじめ、最終的には七八カ国が参加した不戦条約（正式名称は「戦争抛棄ニ関スル条約」。締結地にちなんだ「パリ不戦条約」、また、締結に尽力したアメリカ国務長官ケロッグとフランス外相ブリアンの名をとって「ケロッグ＝ブリアン条約」とも呼ばれる）を踏まえるかたちに訂正された。

第一項の「国権の発動たる戦争と、武力による威嚇又は武力の行使は、国際紛争を解決する手段としては、永久にこれを放棄する」の部分がそうで、パリ不戦条約の第一条を見ればその類似は明らかである。

第一条【戦争放棄】締約国ハ国際紛争解決ノ為戦争ニ訴フルコトヲ非トシ且其ノ相互関係ニ於テ国家ノ政策ノ手段トシテノ戦争ヲ抛棄スルコトヲ其ノ各自ノ人民ノ名ニ於テ厳粛ニ宣言ス

（大沼保昭ほか編『国際条約集 2004年版』より引用）

ここで重要なポイントは、不戦条約は自衛のための戦争までは禁じていないことである。条文原案を起草したアメリカは、同年六月、次のように関係諸国に通告している。

不戦条約の米国案は、いかなる形においても自衛権を制限しまたは棄損する何ものも含むものではない。この権利は各主権国家に固有のものであり、すべての条約に暗黙に含まれている。各国は、いかなる場合にも、また条約の規定に関係なく、自国の領土を攻撃または侵入から守る自由をもち、また事態が自衛のための戦争に訴えることを必要とするか否かを独自に決定する権限をもつ。

国土が侵略されたら武力に訴えてでも防衛するのが当たり前、だけでなく、どういう場合に自衛のための戦争が必要かどうか、決められるのはその国だけである、という。そんなことなら、いつだって戦争を起こすことができる。事実、不戦条約には期限がないので、今日でもまだ有効なはずだが、一方、第二次世界大戦をはじめとして、地球上から戦争が絶えることはなかったことはご存じのとおり。

ここに第二項に関する「芦田修正」が加わる。芦田均を委員長とする、アメリカ原案修正のための「憲法改正案特別委員会」(通称、芦田小委員会)が八月二十日に発表した共同修正案で、第九条は、第一項冒頭と第二項冒頭に語句を加えられ、現在の形になった。有名なのは後者の、「前項の目的を達するため」というわずか一一字である。

その意図はこうだったらしい。第一項で放棄されている「国際紛争を解決する手段」としての戦争とは、不戦条約に基づいて考えると、防衛戦争以外を指す。だから、自衛のための戦争はできる。これはケーディスが含みとして残したことだった。そこへ「前項の目的を達するため」が入ると、「保持しない」とされている「陸海空軍その他の戦力」も「認めない」とされている「国の交戦権」も、すべて「防衛戦争以外で使われる場合には」に限定されていると読むことが可能である。

逆にいうと、防衛戦争のための軍隊・戦力はもてるし、戦う権利もある、ということになる。芦田は、第九条に関するこの修正ができた八月一日から二十日のあいだにケーディスを訪問し、この意図を説明して、賛成を得た、とのちに証言している（憲法調査会、一九五七年十二月）。

憲法改正のねらいは、日本を再び侵略国家にすることだ、という人は多いが、そんなことなら、なにも語句を変える必要はない。右の事実に基づいた解釈をもちだせば、日本は侵略戦争しかできないことはないし、しかも、何が侵略であるかは、日本が独自に決められる、ということで、ほぼなんでもできてしまう。

ただしもちろん、戦後の歴代内閣で、この憲法解釈が示されたことはない。政府にとって、九条＝戦争禁止と受け取られることは、ときに足枷（あしかせ）と感じられもしたろうが、益のほうが大きいと思われていた証拠であろう。

第2章　一九九〇年代前半に見えてきたこと

自衛隊出動せず

元号でいうと平成になったばかりの時期に、日本は「軍事」の問題にまともに直面させられました。以下に、出来事を年代記ふうにまとめます。

一九九〇（平成二）年八月二日、イラクによるクウェート侵攻が勃発。国連安全保障理事会は同日ただちにイラクの即時撤退を求める決議六六〇（安保理決議はすべてインターネットのhttp://www.un.org/documents/scres.htmで読むことができます）を採択、六日には経済制裁を定めた決議六六一も出ます。

一方、アメリカもまた、即日イラクへの非難声明を出し、クウェートからの無条件即時撤退を要求しました。この時点でアメリカがいちばん恐れたのは、イラク軍が余勢をかって、世界第一の産油国サウジアラビアまで攻め込むことでした。この国までサダム・フセインの手に落ちたら、中東の石油の六五パーセントは彼の手に握られることになり、フセインの国際社会での優位は揺るぎないものになってしまうでしょう。

そうはさせじとアメリカは七日には軍の派遣を決定。世界各国に同一歩調をとることを呼びかけ、その一環として、十四日、日本にも、ブッシュ（もちろん、パパのほう）大統領みずから、海部俊樹総理（当時）に電話して、掃海艇（そうかいてい）や給油艦の派遣を求めてきました。このときはできるだけすみやかにイラク軍に対抗しうるだけの軍隊や軍事物資を中東、特にサウジに送る必要がありましたから、日本が輸送を担当することを求めたのです。

これはつまり自衛隊の出動を求めるということです。が、自衛隊の海外での活動は、戦後長いことタブーでした。

それをいちばん端的に表現しているのは、一九五四（昭和二十九）年六月二日、参議院本会議で採択された「自衛隊の海外出動禁止決議」（正式名称「自衛隊の海外出動を為さざることに関する決議」）です。左にその全文を掲げます。

「本院は、自衛隊の創設に際し、現行憲法の条章と、わが国民の熾烈なる平和愛好精神に照し、海外出動はこれを行わないことを、茲に更めて確認する」

自衛隊は専守防衛に徹することが絶対の条件で存在が認められる、ゆえに、海外で活動することなどありえない、この一事が日本が平和国家であることを証明する、というわけです。

参議院の決議そのものは、べつに法的な拘束力があるわけではありませんが、自衛隊に関するこのいわば初心は根強く残っている、というか残そうと努力する人びとがいますので、現在でも折にふれてよく引き合いに出されますし、歴代内閣もこれを頭から無視するような真似は決してできなかったのです。

まして海部俊樹は、三木武夫の弟子で、熱心な平和主義者です。自民党のなかでも、自衛隊を使いたくない気持ちがもっとも強い人物の一人でした。なんとか自衛隊抜きで対応できないかと模索するところから、海部内閣の迷走が始まりました。

内閣と外務省の打ち出した案の変革をたどると、

①医療や難民の護送に当たる海外青年協力隊のようなものならいいだろうと考え、自衛隊員抜きの文官による「国連平和協力隊」を中東へ派遣する。

②自衛隊員の身分を一時解き、一般職の国家公務員としたうえで平和協力隊員とする。

③自衛隊員がその身分を保持したまま協力隊とする。

最後の案で、十月十六日、人的な貢献のために急ごしらえでつくった「国連平和協力法案」が国会に上程されました。

ただし、自衛隊員は戦闘には加わらないし、戦闘に直接関係する「協力」（武器弾薬を買ってあげたり、運んであげたり）はできない。それでも小型武器は携行（けいこう）するのですが、国内法の正当防衛や緊急避難が適用できるような場合にしか攻撃できない、というような縛りつきで、です。この武器使用の原則はイラク派遣までほぼそのまま残されました。

と、ここまであれこれの紆余曲折を経て、さまざまな妥協を積み重ねてできた法案でしたが、十一月八日、審議未了で廃案になってしまいます。結局、自衛隊が唯一実際にやったのは、自衛隊法を拡大解釈して、停戦後の一九九一（平成三）年四月十六日にペルシア湾に残されたイラク軍の機雷除去のために掃海艇を派遣したことです。いや、自衛隊の制服組（他国でいう軍人）が日本独立後はじめて他国で活動したのですから、画期的な出来事ではあります。日本にしてみれば。

　アメリカにしてみれば、どうして自衛隊派遣にこんな面倒な手間ひまをかけなければならないのか、いったい何にそうこだわっているのか、理解できなかったことでしょう。湾岸危機への対応は日本にとって単なる「国際貢献」なんてものではない、なにしろ中東の石油にもっとも依存している国は日本なんだから、なによりも自国のためにやるべきことだったはず。日本国憲法をつくったのはアメリカだということは知っていたとしても、マッカーサーなんてもう歴史上の人物ですし、この憲法を抱えたままで、日本が軍政面でどのような辻褄合わせをやってきたか、なぜそれをやる必要があると感じたか、理解できない、というより、理解する必要を認めなかったのでしょう。

　もっとも、日本がマゴマゴしてくれたことは、アメリカにとってはかえっていいことだったかもしれません。人的貢献ができないってんなら金だけでも出せと、お願いというよりは強面（こわもて）で要求できますから。かくて日本は八月には経済援助として一〇億ドル、戦端が開かれたあとの九月には追加支援金として三〇億ドル、一九九一年が明けて、イラクへの空爆が始まってから九〇億ドルの追加援助を要求され、応じるしかありませんでした（最後のを円建てで支払ったため、四月になって円高のために目減りした五億ドルもあとで払うというおまけつきです）。

非軍事物資とはどういう意味だ？

湾岸戦争のために、日本が醵出（きょしゅつ）した金は総額一三〇億ドル（一ドル＝一三〇円くらいとして、約一兆七〇〇〇億円）で、アメリカを含む参加国中随一です。ここまで協力した日本でしたが、目に見えた効果からすると、どうもアメリカをイライラさせ、そのほかの国からも、どちらかというとバカにされただけのようなのです。

最後に出した九〇億ドルの使途について、海部総理は「輸送関連の経費とか医療関連の経費とか食糧、生活関連の経費、事務関連の経費などのそういったものに充当をするように我が国の方針を」（衆議院予算委員会、一九九一年二月五日）直接の振込先である湾岸平和基金に伝えようといい、公明党などが要求した武器弾薬には使わせない方針に添うことを明らかにしました。それはまあ、あくまで戦闘への協力はしない、という自衛隊へのこだわりを応用すれば、それも当然かな、とも思えてくるでしょう。

ところが、これが伝わると、アメリカの議会の一部では問題になったそうです。日本はほとんど軍事面の協力はせず、金も出し渋り、出したと思ったらその使い道まで指図するのか、と。

私はテレビで、この怒りといらだちの一端を垣間見たように思えたことがあります。田原総一朗がアマコスト駐日アメリカ大使にインタビューしたときのことです。田原が「日本の拠出した金が非軍事物資にのみ使われるのかどうか、心配する人もいるのですが……」云々とたずねると、大使は急に激昂してこう反問したのです。

「非軍事物資だって？　それはいったいどういう意味なんだ？」

それ以上はいわなかったと思いますが、私は一瞬のうちに彼のいいたいことがわかりました。「同じじゃないか」ってことでしょう。「武器弾薬を買おうが、医薬品や食糧を買おうが、戦争遂行のために使うのにちがいないんだから。日本はそんなことで、いったい何を示そうとしているんだ？」と。

いわれてしまえばそのとおり。抗弁はできない、と感じました。

これをいったのがかなり身勝手で強引なアメリカだから、反発心も起きるし、文句もいいたくなるのです。でも、まったく関係のない国の人でも、こう考える可能性はあります。「戦争は人殺しで、悪だから、やらないんだ」などといえばいうほど、矛盾点が際立ちます。自分はやらないけど、金だけは出す、というのでは、殺し屋を雇って人殺しをするのとあまり変わりがありません。

むしろ、自分が直接手を下さないぶんだけ汚いやり口になる、と考える人がいても不思議はないんじゃないですか?

実際のところは、日本が最後に出した九〇億ドルは、結局、過半がアメリカのものになったようです。そこでアメリカが、日本からの要求どおり、食糧や医薬品にだけこの金を使ったとしましょうか(いちおう、タテマエ上はそうなっているようです)。その場合でも、これがなかったらそっちに使わなければならなかったはずの戦費が、武器弾薬のほうにまわったということでしょうから……。

なんてグジャグジャいう必要がありますか? 要するに、日本は人のかわりに金で戦争に参加した。それ以外に言葉はありません。

これに関連して、以下のエピソードは多くの人の頭に浮かぶでしょう。湾岸戦争がイラクの全面降伏に終わってまもない三月十一日、クウェート政府は『ワシントン・ポスト』や『ニューヨーク・タイムズ』などの全米の有力紙に全面広告を掲載し、イラクの手からクウェートの主権を奪還してくれた三〇カ国の名が、感謝の言葉と一緒にあげられました。そこに、日本の名前は見当たりませんでした。

「役に立たない奴だが、金はあるんだろ？　じゃ、せめて、それだけでも出せよ」てんでさんざんむしられたあげく、「あいつはなんでも金だけですまそうとする、どうしようもない奴だ」てなことになって、感謝の言葉ももらえない。「日本って、金持ちのアホボンみたいでんな」と、このころテレビで元ヤンキーの島田紳助がいっていました。まことにそのとおりです。

自民党の議員のなかには、これがひどくこたえて、トラウマになってしまった人もいて、ＰＫＯ（peace keeping operation）法からテロ対策特措法からイラク特措法にまでいたる自衛隊海外派遣を推進する原動力になったという話もあります。それはどうだか、正確なところは知りませんが、これ以後、自衛隊をどう考えどう使うかは日本政治の一大論点になりました。と、いうにしてはどうも迫力が足りない感じがするのですが……。

経済制裁も戦争の一種だ

それでもなんでも、今後の日本にとって最重要課題の一つであることにはまちがいないのですから、論点を整理しておきましょう。

まず、湾岸戦争のような事態にどう対処したらいいのか、政府が現にやったこと以外の対案はどんなものだったでしょう。

現在のイラク戦では、アメリカが、ありもしない大量破壊兵器がイラクにはあるんだと主張して戦争を始めるという大チョンボをやってくれましたから、戦争自体が名分のない悪、だから、どんな協力でも悪、ということもできます。しかし一九九〇年のクウェート併合時には、イラクが悪であることはほぼ全世界の一致した見方でした。すると、それに対して日本は何もしない、とはいいづらくなります。少なくとも国会議員のなかで、そういった人は一人もいません。

で、どうするのか。一つの解答は、国連安保理決議六六一にあるように、経済制裁を徹底してやればいい、というものでした。もっとも、イラクとの輸出入をやめる経済封鎖なら、日本もアメリカの最初の非難声明に歩調を合わせて、とっくにやっています。野党は、これだけやって、あとは事態の推移を見守るように、と要求したことになります。

共産党の不破哲三はこういいました。「大戦争への危険を回避するためには、この経済制裁の段階で侵略者を徹底して追いつめることがかぎであります」（衆議院本会議、一九九〇年十月十七日）。

このあと、十一月二十九日には、イラクが決議六六〇に従わないのなら、「必要とされるあらゆる手段を使う」（to use all necessary means）ことを加盟国に認めるという表現で戦争を容認した決議六七八も出ます。それでも、さらに多国籍軍のイラクへの空爆が始まった（一九九一年一月十七日）あとでさえ、社会党の土井たか子は次のようにいったのです。

「平和的な解決をめざして始められた経済制裁は、その効果が五カ月程度ではかれるものではなく、もっと時間をかけて待つべきであったとする議論は、アメリカ国内の識者の中にさえ、開戦後になってもあるくらいなのであります」（衆議院本会議、一九九一年一月二十八日）

経済制裁にもいろいろあるんでしょうが、湾岸戦争前後に実施されたものを「平和的な解決」法だなんて考える人が、いまもいるのでしょうか？

要するに「兵糧攻め」なんです。密輸入を監視するために海上封鎖もされました。それを実行するのはもちろん多国籍軍です。直接の戦闘はないにしても、戦争の一種とみなすべきものでしょう。

しかも、イラクではまず医薬品やミルクが不足したので、病人や赤ん坊など、いわゆる弱者をいじめる結果になったのがこのやり方だったのです。たぶん、独裁国家ならどこでも、「時間をかけて待」てば待つほど、一般国民が飢えや物不足にさんざん苦しんで、そのあとでやっと支配者層も困る「効果」が出るってことになるでしょう。ふつうの戦争とどっちが残酷か、わかったものではありません。

戦争は絶対ダメ、に固執(こしつ)すると、逆に戦争でなければなんでもいい、てなことになりがちですから、こんなのを、さも「平和的解決手段」であるかのように思い込む錯覚も生じるのです。以上は、旧社会党や共産党をバカにするためではなく、平和ボケの効果はどんなものかの一例としてあげました。

あえてつけくわえますと、今後、日本が北朝鮮への経済制裁を実行した場合にも、まったく同じことが考えられます。やる手段は経済的なものだけだとしても（自民党拉致問題対策本部の中間報告によると、最高レベルで、日朝間のモノ、カネ、ヒトの流れを完全に遮断）、実効性があるとしたら、まず民衆が飢え――いまも飢えているでしょうが、ますます何百万人も飢え、次に軍や政府の上層部に具体的に影響が出て、最後に金正日が、喜び組を減らさなくてはならないとか専用車のランクを落とさなくてはならないとかで不愉快な思いをする、てなことになるのでしょう。

それでも北朝鮮は、「制裁が発動されれば、われわれはそれをわが国に対する宣戦布告と見なし、強力な物理的方法で即時対応するだろう」（『日経新聞ニュース』二〇〇四年十二月十五日）といっているのです。脅しかもしれませんが、案外ほんとうにやるかもしれない。やれば即、戦争です。

これを踏まえたうえで私は、拉致問題の解決のために、ほかに手段がないなら、経済制裁もやむをえないと考えます。国民を、中学生まで不当に連れ去っておいて、その安否情報さえきちんと伝えないような国、そのうえ脅しめいたことまでいってくる国に対しては、「戦争？　上等じゃねえか」で当たるしかないんじゃないですか？

というか、「戦争にするって？　そりゃ困るから、やめよう」ではあまりにもミジメではありませんか？　このミジメさに耐えられますか？　それ以上に、「では戦争を仕掛ける」といいさえすれば何もできない国では、国民としてもほんとうに困るのではないですか？

だいたい、この問題に関しては、どうして北朝鮮が多数の韓国人や日本人を拉致したのかさえよくわかっていません。ならば、またやるかもしれない、ということです。そして、なによりも戦争回避を最優先するような政府だったら、私や私の家族・友人が拉致されても、結局、きちんと対応してくれないわけでしょう。それなら、向こうはやりたい放題です。

私は軟弱な臆病者ですので、戦争も怖いが、このような得体の知れない悪意も怖い。いやそれ以上に、自分の国を守るために他を顧みない善意が怖い。人間の世の中にこのような善意が絶えることはありませんし、その表現の仕方は直接の非難や暴力沙汰、国際社会なら戦争だけではありません。

日本にしても、格別の悪意を他国に示したことはないにしても、抗議としての経済制裁などはこれまで何度もやってきました。それによって無辜（むこ）の民が犠牲になった可能性はもちろんあります。日本の手が真っ白であるわけではありません。やるからには、ヤンキー高校生ではない、大人がやるのだから、そこまで覚悟してやらなければならないはずなのです。

日本に仲裁はできたか

湾岸戦争時に話をもどすと、日本がアメリカとイラクのあいだに入って、事を丸く収めたらどうだ、という説は、一種の願望としては語られましたが、具体案としては出されていません。ヤクザ映画から考えても、こういうときの仲裁役は、それ相当に貫禄のある大親分でないと務まりません。日本ではだれが見ても役者不足でしょう。

欧米各国は、中東問題には必ずなんらかの軍事的なかかわりをしており、手が汚れている。汚れていない先進国は日本くらいのもので、イラクをはじめ、この地域のどこの国からも恨みを買っていないのだから、仲介役としてふさわしいのではないか、とは一九九〇年後半の国会で何人もの議員の口から出た言葉です。

これは逆なのではないでしょうか。手を汚さなかった国（経済制裁には目をつぶりまして）、今後もどうやら汚す気がないような国は、こういう最大規模のゴタゴタに割って入るのにはいちばん不適格だと思えます。なんらかの条件で仲裁したとして、どちらかがこの条件を破ったとしたら、制裁をしなければならないんですから。ゴタゴタの仲裁者には、それだけの覚悟と力量が必要なのです。

ゴタゴタの、外交の側面を簡単に見ておきます。一九九〇年八月以後のイラクは、国連で、「中東問題の包括的解決」とか「リンケージ論」とか呼ばれるものでアメリカに対抗しました。中東のすべての紛争を俎上（そじょう）に載せ、クウェート侵攻もその一つとして解決を図ろう、というのが内容で、アメリカの正義にとってアキレス腱であるイスラエル問題をもちだすのがねらいどころです。

イスラエルはそれまでに、自国の安全のためとして、レバノンやゴラン高原やガザ地区に侵攻しては幾多の人命を奪い、国連安保理の非難決議も無視するということを何度かやっています。さればとてアメリカは、イラクに対して現にしたような、膺懲の兵を出すわけでもなく、それどころか拒否権を発動してイスラエルに不利な安保理決議案を葬り去るようなこともやっています。つまり、明らかに不公平。オレたちのやったことを絶対に許さないとまでいうなら、同じようなことをずっとやっているイスラエルに対してはどうなんだ、とイラクは居直ったわけです。

これはよくあるタイプの厭味ですが、実際のところ、中東問題に限定しても、アメリカが天使でイラクが悪魔だなんぞとはいえません。だいたいアメリカは、イラン・イラク戦争（一九八〇〜八八）では、イスラム原理主義者ホメイニに率いられたイランのほうがやっかいな敵だったので、フセインを支援したのです。そのときどきの自国の都合で動いているのに、それを普遍的な正義のようにいい繕う、どこの国でもそういうところはありますが、アメリカはいまや世界でもダントツの軍事大国であるだけに、ウソも大きく見え、そのぶん醜くも見えるのです。

とはいえそのツケを、クウェートの国民が払わなくてはならない理由はどこにもありません。アメリカのやっていることは不公正であるとしても、それでフセインの悪が帳消しになるわけではないのです。

このような両国のあいだに入って、なんとか戦争前に和平を結ばせようとした人は何人かいますが、なかではソ連のゴルバチョフ大統領が、最後まで粘りました。一九九一年二月十五日、もう多国籍軍による空爆は始まっていましたが、イラクがはじめてクウェートからの撤退を条件つきで応じる、としたのも彼の働きによります。

ソ連とイラクが合意して二十二日に発表した和平案の骨子は、イラクはクウェートからできるだけすみやかに撤退する一方、撤退完了後は六六〇号以後、合計一二にのぼった対イラク制裁の安保理決議は失効することでした。電話でこれを打診されたブッシュ大統領は、撤退期間が長すぎることや、事実上フセインを免責することになることに不満を示し、同日、イラク軍に対し、二十三日にはクウェート市内から撤退を開始するよう、最後通告を行いました。そのあとソ連とイラクは急ピッチで修正案をつくりましたが、アメリカは同意せず、二十四日には地上戦に突入します。

イラクはそのわずか二日後にはクウェートを手放さなければならなくなりました。二十八日、同国はすべての国連決議を受け入れることに同意、ブッシュは勝利宣言を出して戦闘は中止されます。大方の予想よりずっと早く戦争は終わったのですが、そのかわりフセイン体制は存続しました。そして、このとき定められた大量破壊兵器廃棄の国連による査察にイラクが非協力的だったので、経済制裁はずっと続けられ、やがて二〇〇三年の新たなイラク戦争に連なっていくことはご存じのとおりです。

一九九一年の時点で、ソ連の和平案をいちおう受け入れてから、外交によって同じような結果にたどりつくことは不可能ではなかったでしょう。それでもパパ・ブッシュは、調停によってではなく、軍事力でイラクを屈服させたかたちにすることが重大と考えたようです。中東でのフセインの威信を下げ、あわよくばイラク国内での彼の失脚にまでいたればよい、という腹づもりだったのでしょう。そうはいかなかったので、十一年後ブッシュ・ジュニアがイラクを攻めるハメになった。この筋書きはだいたい合っていると思います。

金で平和は買えるのか

そういうわけで、ゴルバチョフ案が通って地上戦なしで湾岸戦争が終わる見込みはごく少なかったのですが、日本にも和平工作の実質的な立役者といわれるソ連のプリマコフ（のちに外相、首相）がやってきた事実はあります（一九九一年二月十五日）。佐々木芳隆はこれを「イラクはもとより米国やソ連に対して、中東に縁の深い日本から（平和的解決を）発信するチャンスだった」（『海を渡る自衛隊』）といっています。

実際はプリマコフが海部首相と会ったときには、こちらは「アメリカとの関係もあるので簡単にはいえない」と、ロシア和平案には乗らず、かえって北方領土問題などをもちだしたので、会談は三十七分で打ち切られました。海部は前年十月四日にアンマンでイラクのラマダン第一副首相と会談したときも、イラクの無条件撤退を求めるばかりで、つまり外交的には完全にアメリカに追随しました。小泉首相もそうであるように、日本の首相になれば、それが唯一の現実的な選択であるように思えてくるらしいです。

佐々木の前掲書によると、このときのプリマコフのねらいは、①アメリカべったりの日本がせめてヨーロッパ各国なみにゆるやかな姿勢になれば、国際世論を和平の方向へ導くのに役立つ、②戦後復興に豊富な資金を提供できる経済大国日本の協力が約束されれば、イラクを説得して兵を引かせる有力な材料になる、の二つだったようです。このうちの②は、つまり戦火で荒れ果てたイラクとクウェートの復興に、日本が金を出せ、ということになるのでしょうか。

これはどうでしょう。クウェート侵攻はイラクの一方的な侵略だ、とする見方は、現に多国籍軍に自国軍を派遣していたソ連を含めた、世界中の共通認識だったはずです。ならば、侵略の結果生じた被害の現状復帰は、すべて侵略者サダム・フセインの責任に帰すべきものです。このことは安保理決議六七四（一九九〇年十月二十九日）にもちゃんと謳われています。日本がそのための金を一時貸与するのはありだとしても、将来はちゃんと返してもらわなければならない。この点は曖昧のままではすまないでしょう。

実際はイラクがクウェートなどへの賠償金の支払いを開始したのは、一九九六年になってからでした。もっとも、「イラクが」というのはまちがいかもしれません。「石油と食糧の交換プログラム」と呼ばれる国連安保理決議九八六が出て、イラクはある限度内で石油を輸出することができ、その売上金のなかから賠償金を支払うことになったのです。

ただし、この全過程で、イラクは金を手にすることはなく、すべては国連の管理下で行われるのです。二〇〇五年九月にイラクへの経済制裁は最終的に解除されるのですが、賠償金支払いは継続されており、最近ではイラク国民を救済するために、この賠償金は軽減されるべきだという議論もあるようです（主として「ジュブリー・イラク・ニュース」のブログによる。http://www.jubileeiraq.org）。

右にざっとまとめただけでも十分に複雑な過程に、日本が一枚加わったとしたらどうなったか、私の理解力を超えます。以下は純然たる仮定、もっといえば与太話のようなものとして聞いてください。

　日本がソ連案に乗ったとして、佐々木がいうとおり、復興資金をアテにされていたのだとしたら、このためのイラクとの交渉に手間取って、時間切れになってしまった公算が大です。仮にまとまったとしても、イラクがちゃんと約束を守って、金が返ってきたかどうか。自分が直接交渉する立場だと想像してみると、躊躇する気持ちのほうが先に立ちそうです。

　大勢の人の命が助かるんだから、金のことなんてそんなに気にすべきではない、なんて思う人もいるかもしれません。けれど、この金をチャラにするとしたら、最低限、サダム・フセインには政権の座を降りてもらわなければならないと思います。そうではなく、結果として無条件で金をあげたりしたら、侵略者が得をすることになります。それは道徳的に許されないという以上に、侵略のリスクを下げて、やりやすくしてしまうことにもなるでしょう。「日本が後始末はやってくれるみたいだから、思いきってやっちまおうぜ」てなことを考える独裁者がどこかから出てこないとはかぎらないでしょう。

　こういうのは、あるいは杞憂なのかもしれません。しかし、べつに海部の肩をもちたいわけではありませんが、平和を金で買うなんて類の話には、やすやすとは乗れないのは事実だと思います。

日本のごまかしはフセインの目にも明らかだった

これとは別に、日本人による和平への努力、といちおういっていいのは、当時の社会党委員長・土井たか子がフセインと会談していることです(一九九一年一月十三日)。フランスのミッテラン大統領は、ゴルバチョフと並んで湾岸危機調停の意欲を示した人で、土井は、同じ社会党の誼(よしみ)で、半分ミッテランの特使のようなかたちで、まずフランスへいってからバグダッドへ赴(おもむ)いたのです。とはいえ、土井のイラク訪問になんらかの成果を期待するほど、ミッテランも甘ちゃんではなかったでしょうが。

一月十四日の『朝日新聞』に載った「土井-フセイン会談要旨」でおもしろいのは、土井が「日本の憲法は国際紛争解決の手段として武力を使わないと明記している」といったのに対して、「日本は軍隊を出してはいないが、何億、何十億ドルもの援助を多国籍軍にしている。これは平和憲法の精神を日本政府が尊重していないということだ」とフセインが切り返しているところです。なんだか私とフセインがほぼ同じ意見だったような気がして、気持ちが悪いです。というより、よほど日本に好意的になろうと努めないかぎり、これくらいはだれの頭にも浮かぶ、ということでしょう。

これに続けてフセインは、「多国籍軍に出すカネがあるなら、パレスチナの人々、子どもたちに出してほしい」といっています。クルド人を女性から子どもにいたるまでずっと弾圧しつづけたおまえがいうか、なんて切り返しをこんな際の土井にも、ほかのだれにも期待したって無理なのははっきりしています。それにしても、日本って、なんでこう金の使い道をよそからああだこうだいわれなくてはならないんでしょう。

おそらくその理由の一つは、平和が成立するためには何が必要とされるかの具体的現実的な条件はあまり考えず、「戦争よりは平和がいいに決まってる」なんて平和原理主義だけでなんとかしようとするからです。だから、「平和のためにはこっちに金を出すべきなんだよ」なんて、他国にいわれてしまうのです。

フセインもブッシュも鬼でも悪魔でもないでしょう。彼らのあいだに立ってなんとか調停の道を探ろうとしたミッテランやゴルバチョフも、もちろんそうです。ただ、土井 - フセイン会談要旨を掲載したのと同じ『朝日新聞』の第一面には、ソ連からの独立を求めるリトアニアでソ連軍が発砲し、一三人が死亡、負傷者も一四四人におよぶ、と報道されています。「われわれは平和を望んでいる。ただ、それは降伏という道ではない」と、先の土井との会談でブッシュはいっていました。だれもが平和は大切だ、とは口にしますが、平和よりも大切なものがあり、そのために必要だと感じたら、何千人何万人の犠牲を出すことも厭わない。大国の指導者にとって、それが当たり前なのでしょう。日本がその真似をする必要はさらさらないですが、世界平和を希求するという場合の世界とはそういう場所なのだということは、決して忘れてはならないでしょう。

自衛隊ついに海を渡る

湾岸戦争にまつわる話はこれまでとして、年代記を進めます。最初の国連平和協力法案が廃案となってから、海部内閣は国際平和協力法（俗にＰＫＯ法とも呼ばれる。正式名称は国連平和維持活動等に対する協力に関する法律）を提出しました。こちらが成立するまでにはまた複雑怪奇な道筋をたどったのですが、おおよそのところでは、

①湾岸危機の最初のころ海部内閣がやろうとしたかたち、すなわち自衛隊とは別組織の国連平和協力隊をつくる内容で、自民・公明・民社三党間に「国際平和協力に関する合意覚書」が交わされる（一九九〇年十一月）。

②公明党が態度を変化させたので、自衛隊員がその身分のまま参加できるかたちに法案を

修正。

③宮澤内閣になってから、自民党お得意の強行採決によって法案可決（一九九二年六月）。社会党はこれまたお家芸の牛歩戦術と、議員総辞職願を出すといって抵抗した。

この最後のものなど、いまからふりかえると、五五年体制（政府自民と最大野党の社会党を二つの極とする国内政治体制）最後の儀式のように思えてきます。

宮澤喜一も、自民党内では熱心な平和主義者・護憲派として知られた人です。彼が掲げたスローガンは「やれることはやろう」で、日本は憲法に制限されてできないことはあるが、しかし憲法の許す範囲で国際貢献はやろう、といってこの法律をつくったのです。その宮澤の憲法九条解釈は、のちに中曽根康弘との対談でもっとも端的にいわれています。

「憲法九条っていうのは、外国で武力行使をしてはいけないと、それだけが禁じられていることで、それ以外には何も禁じられていない」（『憲法大論争 改憲 vs. 護憲』）

そこでＰＫＯはそもそも平和の監視であって戦争ではないし、自衛隊は戦争が終わったあとの地域で、橋を架けたり道を直したりするためにいくんだから、武力行使とは違う、だから合憲なんだ、というわけです。

しかしこれだけの仕事で、かつほんとうに安全な場所で行われるなら、土建屋さんでもできそうなものです。それでも自衛隊を送るのは、彼らが「自己完結的組織」だから、という説明がなされました。つまり、自分たちが寝起きする建物もつくり、それ以前には野営もし、食糧も自前で調達し、生活に必要なことは洗濯まで自分たちでやって、現地の人にはいっさい迷惑をかけないから、長いあいだの戦乱で疲弊した国の復興にはふさわしい、からなんだそうです。

では、なんで軽武装とはいえ武器を携行するのか？　それはやっぱり、日本よりは治安は悪いからで、しかし停戦合意はなされているから、戦争の危険はないんだという意味で安全……。

どうも、「ああいえばこういう」式の曖昧さがつきまといますね。実際は、ＰＫＯが実施される場所なんて危険に決まっているのです。自衛隊抜きの国際緊急援助隊などでは、限界がすぐ見えます。「事に臨んでは危険を顧みず、身をもつて責務の完遂に務め」（自衛隊施行規則三九条）なんて宣誓をしている公務員はほかにはいません。けっこう危険な場所にいく援助隊員やボランティアは現にいても、彼らがもうこれ以上はイヤだといったら、それをとめることは制度的にも道義的にもできないのです。日本国が責任をもって派遣する、といったら、自衛隊員以外にはない、それが偽らざる現実でしょう。それをはっきりいえないのが、いちばんの問題だと思います。

さて、とにもかくにも、九月八日の閣議決定を経て、九月十七日、ついに自衛隊が海を渡ってカンボジアに赴任しました。彼らはタケオ市に駐屯し、国道の補修作業に従事して、けっこう評判がよかったらしいです。

が、日本が請け負ったＰＫＯ活動はこれだけではありません。選挙活動を支援したり監視したり、警察業務の指導監督もしたのです。これに参加した人は文官か民間人で、武器はもっていません。

日本人は国際貢献のために死ねるのか

悲劇は翌一九九三（平成五）年に起きました。四月八日に国連ボランティアとして有権者登録作業をしていた中田厚仁が、五月四日には文民警察の高田晴行警部補（死後に二階級特進して警視）が、カンボジア内戦当事者四派のうちもっとも過激なポルポト派（クメール・ルージュ）の銃撃で死亡します。

たしかに一九九一年十月二十三日、カンボジア和平パリ協定は、ポルポト派も、それから立会者として日本も署名したうえで成立していたのですが、ポルポト派はこの協定をきちんと守る気はなかった、というより、協定に不満をもつ跳ねっ返りたちまで抑えることはできなかったようなのです。また古いヤクザ映画を引き合いに出して恐縮ですが、「オレは我慢しても若い者が黙っちゃいねえよ」てなわけでしょう。

日本政府は、このような状況をどこまで把握していたのか。中田氏は国連直属のボランティアですから日本政府とは直接関係ありませんが、高田警視は、志願したとはいえ、日本が派遣した人物です。政府に責任がないはずはありません。

五月九日、現地を視察した村田敬次郎自治大臣兼国家公安委員長が文民警察官と会談したとき、警察官側から「何人死ねばわれわれは帰れるのですか」と問責されたという話が当時伝えられました（村田は否定）。カンボジアの警察を指導監督しようにも、肝心のカンボジア人警察官もほとんどいないようなありさまで、自衛隊よりずっと危険な地域で、分散して仕事をしなければならなかった彼らには、そうとう鬱積したものがあったのは事実でしょう。

ここから、前述の、ＰＫＯ参加にまつわる矛盾の一面が浮かび上がってきます。国内での議論の焦点は自衛隊派遣にありました。野党はもとより反対していましたし、与党自民党も、宮澤総理の信念に照らしても、自衛隊員が国外で戦闘をすることは可能なかぎり避けなくてはならない。結果として、自衛隊はほんとうに安全な（それでもポルポト派にねらわれる可能性はゼロではないが）場所へいった。その一方で、派遣についてほとんど議論もされず、与野党ともにあまり関心がなかった非武装の文民警察がワリを食った、というわけです。

このため日本国内では、カンボジアからの撤退論も沸き上がりました。和平合意が実質的に遵守（じゅんしゅ）されていないなら、「ＰＫＯ参加五原則」に基づき、日本としては引き上げるのが当然だ、と考えられたからです。野党からだけではなく、自民党の、閣僚からさえ、そのような声が上がりました。当時、郵政大臣だった小泉純一郎がそうです。

「日本では汗は流しても血を流す（国際）貢献は国会では承認されていない。つまり国民の同意がないのですから引くしかありません。たとえ（諸外国から）非難が集中したとしても当分は甘受するしかないでしょう」（「撤退発言・私の真意」『文藝春秋』一九九三年七月号）

当時、新聞でも報道されたこのような発言を見ると、同じ人が十年後に、一九九三年のカンボジアよりふつうに見て危険な、「血を流す」可能性の高いイラクへ、自衛隊を送ったのか、とその変節ぶりを訝（いぶか）ったり怒ったりするのも当然のように思えてきます。

ただ、私は小泉は好きになれませんけれど、彼の発言を注意深くたどれば、マスメディアが言葉の片端を取り上げてつくったイメージほどには、いいかげんでもないしバカでもないことはわかります。

この「撤退発言・私の真意」はインタビュー記事です。文春の記者の鋭い突っ込みで、彼が憲法改正論者であること、こうした事件そのものも、またほんとうに一方的に日本の国連平和部隊が引き上げたとしたら当然予想できる国際的な非難も、すべて日本国民が憲法を見なおすための授業だ、と考えていたことが明らかになっています（文春側に誘導された感じもいくらかありますが）。

つまり、アメリカなどの顔色をうかがいながら、憲法九条との辻褄合わせをして、「国際貢献」を小出しにしていく姑息（こそく）はやめて、やるなら憲法を改正して堂々と自衛隊を派兵すべきだ、というわけです。これはこれで、たいへん筋の通った考え方だと思います。

であればこそ、憲法が改正されていないのに、どうしてイラクへ自衛隊派遣か、とはどうしても思えてきます。小泉は、自衛隊は戦争にいくのではなく、戦争が終わった場所の復興支援にいくのだ、と、カンボジアのときの宮澤と同じ答弁をくりかえしたのみです。小泉の強運のなせるわざかどうか、まだ自衛隊から一人の戦死者も出ていませんが、出たときには、前言に従ってただちに撤退したのでしょうか。

それより問題なのは、こちらがだれかを殺した場合です。それも、テロリストならまだしも、アメリカ軍がさんざんやっているように、誤って民間人を手にかけてしまったら？

このまま自衛隊を海外へ出しつづけたら、いつかはそういうことになる可能性大です。そのときこそ、小泉など政府当局者だけでなく、われわれ日本人全体が問われることになるでしょう。憲法九条を抱きながら過ごしてきたこの「戦後」という時代は結局なんだったのか、と。

このような問いに答えるのは、いつでも、どこでも、難しいに決まっています。それでも、できれば、もし子どもに聞かれたら、いちおうは自分の頭で考えたことを答えられるような大人になりたいものだ。それが、私の願いなのです。

自衛隊を出さない理由

今度は視点を変えて、自衛隊を出すべきではないとする理由のほうを検討しましょう。おおもとはごく簡単で、憲法で禁じられているから、というものです。「自衛隊の海外出動禁止決議」もそこから出てきました。つけくわわっている論理は、①自衛隊を自由に海外へ出せるとなると、日本は戦前のような軍国主義国になって、また他国を侵略する恐れがある、②アジアの国々が①の事態を恐れる、すべてはこの二つに収まります。

①の最大の根拠は、一九九一年以来、自民党は現にやたらに自衛隊の海外派遣をやってき

た、というものです。これは、自民党とその背後の勢力が、軍国主義復活をねらっているからだ、仕上げは憲法改正だ、と彼らは主張するのです。それから、PKOくらいの国際貢献なら、いまの憲法の範囲で現にやれているんだから、憲法なんていじる必要はないはず、それをやろうとするのは、何かそれ以上の、邪(よこしま)な企みがあるからだ、というのもあります。

このあとのほうなど、実質的にPKOへの参加は認めている気配がありますね。実際、PKOにはいっさい参加しない、と正面からいうのは、けっこう難しいのです。なんといっても「平和維持活動」ですから。平和主義が国是である日本が参加しないことに、世界中を納得させる理由がありますか?

まずPKOの本来の業務である軍事の部分をPKF(peace keeping force)として区別しようというのは、日本政府がいいだしたことですが、あんまり意味はありません。戦争の際の後方支援だろうと、資金援助だろうと、戦争参加には変わりがないことと同じです。PKFを否定するなら、PKOを否定するしかないのです。

これに関して、次のような議論をよく雑誌やネットで見かけます。平和維持にしても、軍事力だけが解決策ではない、むしろ軍のためにいろいろまずいことが起きてくる可能性がある、軍事以外にも、日本は医療や災害救助などで国際貢献する道はたくさんある、云々。すべて正しいです。ただ、傍点部分に注目すればすぐわかるように、ＰＫＯに参加しない積極的な理由にはなりえません。

右を主張する人にとって有利な事例からあげます。現在のイラク戦争は、どうやらアメリカの失敗であり、それに乗った日本も失敗した、と私も思います。もちろん、後推量にすぎませんけど。第二次世界大戦後のアメリカは、これ以外にも、ヴェトナムとソマリアで失敗して、自国民と他国民に多くの被害者を出しながら、所期の成果は上げられませんでした。軍事力を行使するのは非常に危険な行為であることは確かです。

しかしだからといって、ＰＫＯおよびそれに類似する活動全般を否定できるのでしょうか。カンボジアも東ティモールもルアンダもゴラン高原も、外部の軍事力はいっさいなしで、ちゃんと平和になったのでしょうか？　戦後半世紀以上にわたって実施されたＰＫＯは、例外なく軍事力を使ってきたのですが、それはすべてまちがいであり、そこに軍隊を送った国々はすべて愚かだったのでしょうか？　そうだ、そしてそれはちゃんと論理的にか実際的に証明できる、という人は、ぜひやってみてください。

できないとすれば、これらの地域の安定を回復するためには武力も必要だったということです。そこに日本が参加できない理由は？　憲法が禁じているから？　それだけですか？　これはいわゆる護憲派だけではなく、自民党にもたずねているのです。一九九一年からこっち、政府はずっと、自衛隊は派遣しても戦闘をしにいくのではない、だから憲法の範囲内にある、といいつづけているのですから。

憲法を守るのはもちろん大事です。ただ、私がたずねたいのは、こうであっても依然として日本国憲法九条はすぐれており、われわれは誇りをもってそれを守っているのだ、と胸を張っていえるかどうかなのです。念のために申し添えますが、医療活動にしろ災害救助にしろ、ほかの国だってもちろんやっています。

そのうえで、ほかの先進国はやっているPKOへの軍隊派遣を、日本は絶対やらない理由は?

「だって戦争で死にたくないだろ」ですか?

そうですね。たしかに、私も死にたくはない。だから、戦争に巻き込まれる危険が高い海外派兵なども、やらないほうがいい、と。これがギリギリの本音でしょうか。そのために役立っているのだから、日本国憲法はいいものだ、と。日本人としてこれを否定するのは容易ではありませんけれど、そうだとしたら、この憲法は私たちにとってありがたいだけで、アメリカなど他国の人が尊重する理由は何もないことになります。

それから、こういうのを理想だというのはやめるべきです。要するに、自分がよければいい、という身勝手なんですから。私も身勝手な人間なので、この点でほかの人を批判する資格はありませんが、せめて、もうすこしはマシな人間になれるだけの可能性くらいは残しておきたい。身勝手を全面肯定して、それが理想だとまでいってしまっては、もう先の見込みも完全に消えてしまうではありませんか。

侵略国日本への警戒

ただ、こういうのは残りますかね。かつて非道な侵略戦争をした日本が軍隊を自由に使えるとなると、非常に危険だから、そこは徹底的に禁ずる必要があるのだ。現にアジアの国々が日本の再軍備を警戒している、というところで②に入りました。

たしかにＰＫＯ法案が審議されていた一九九二（平成四）年一月、宮澤総理が韓国大統領・盧泰愚から「日本には経済を中心に非軍事的な面で国際社会に貢献してもら」（衆議院本会議、一月二十八日）いたいといわれたり、中国も、自衛隊の海外派遣にはたびたび懸念を表明している事実はあります。

ただ、閣僚の靖国神社公式参拝に対するほどの強い反発を、公式に表明したことはないように思います。一つには、たとえばカンボジアでのPKOには中国も参加しておりまして、これはそれまでの両国のかかわり（中国はポルポトの後押しをしていて、これを打倒したヴェトナムに、「懲罰」として攻め込んだ。一九七九年のいわゆる中越戦争）からいって当然ではあるのですが、「日本は関係ないんだから引っ込んでろ」とまでいうと、日本の肩代わりまでやらなくてはならないことになります。痛し痒しの面はあるのでしょう。

それに、アジアといったって、こういう場合に登場するのは韓国・中国・北朝鮮、それにときどきシンガポールくらいです。カンボジアは、仏領インドシナ時代に日本に占領されたことがあるわけですが、UNTAC（国連カンボジア暫定統治機構）代表の明石康は、「私は、カンボジアに関する限り、カンボジア国民で日本からカンボジアのPKOに人が参加するというのに反対する人は恐らく一人もないんじゃないかというふうに考えます」（参議院国際平和協力等に関する特別委員会、一九九二年五月十二日）と証言していますし、ここの内戦後の統治者となったシアヌーク殿下も終始歓迎の態度でした。それなら、なんの問題もないわけです。

それとは別に、こういうこともあります。二〇〇五（平成十七）年のスマトラ沖大地震の救援活動に自衛隊を出したときにも、中国は警戒心を表明しているのです。「東南アジアでの影響力を強め、中国に対抗しようとしている」のだと、国営通信新華社傘下の雑誌に書かれたそうです（『共同通信』一月十三日配信）。これなんか、「自分がアジアの覇権国家になりたいのだ、日本よ、邪魔するな」とはっきりいったようなものではありませんか。こんなのに遠慮して、災害被害者救済のための自衛隊を出さないなんてこと（中国ももちろん軍を派遣している。念のため）、他国の人びと以前に、自分たちが納得できますか？

だいたい、むかしからとても不思議だったのですが、侵略戦争をやったのは日本だけではありません。前述したようにヴェトナムに侵攻し（これは『三国志』の時代からずっとやっていることです）、いまもチベットを支配している中国、バルト三国についでチェチェンを軍事力で圧迫しつづけているロシア、それよりなにより、十六世紀以来アジア、アフリカ、南アメリカの諸国をずっと侵略しつづけてきたスペイン、イギリスをはじめとするヨーロッパのいわゆる列強……。

一度、侵略戦争をしたような国は今後もやるかもしれないから危険だというのなら、世界は危険だらけです。まして、こういう国々にはちゃんと軍備があって、自由に使えるのです。日本にだけそれができないなんて、怖くて夜もおちおち寝られない、ということにどうしてならないんですか？

自衛隊をなくしたらどうなる？

「いや、他国はどうであれ、日本はかつての侵略戦争でおもにアジアの国の人びとにたいへんな迷惑をかけた。その罪を忘れずにいることが大事だ。それを日本人の道徳性の根拠とし、誇りにするのだ」などとさらに主張することは可能です。一九九〇年からこっち、従軍慰安婦問題をはじめとして、日本のかつての悪行を暴く言論や運動が目につくようになりましたが、彼らに共通する意見をまとめれば、こんなふうになるでしょう。

それで、その罪を忘れずにいることを示すなによりの証（あかし）が海外へ自衛隊を出さないことであり、自衛隊そのもの、つまり防衛力としての軍隊も保持しなければ完全になる、とだいたいにおいてこの人たちは考えているようです。

その原理的な問題点は前章で縷々（るる）述べました。政策としてこれを掲げたものとしては、旧日本社会党の非武装中立論があります。ところが社会党は一度廃棄しているのです。

一九九四（平成六）年七月十八日、自民・社会・さきがけ三党の連立内閣で首相となった社会党党首の村山富市は、所信表明演説で次のようにいいました。

「私は、日米安全保障体制を堅持しつつ、自衛隊については、あくまで専守防衛に徹し、国際情勢の変化を踏まえてそのあり方を検討し、必要最小限の防衛力整備を心がけてまいります」

歴史的な文書類はなるべくくわしく、具体的に掲げておきましょう。一九九〇年代前半の年代記の最後を飾るものとしても、以下の国会記録はとてもふさわしいといえます。村山は、同月二十一日、参議院本会議で吉田之久（民社党・新緑風会）の質問に答え、次のようにいっています。

　私は、悲惨な戦争を繰り返してはならないとの国民の決意に基づく平和憲法の理念を社会党が非武装中立の政策として定式化したものと認識をしております。

　この政策は、冷戦構造のもとにおいて、文民統制、専守防衛、自衛隊の海外派兵の禁止、集団的自衛権の不行使、非核三原則の遵守などの原則を確立し、日本の平和を守り、軽軍備で国民生活を大切にする政治の推進に大きな役割を果たしたと確信いたしております。しかし、国際的に冷戦構造が崩壊した今日、その政策的役割を終えたと認識をいたしております。

　今後は、世界第二位の経済力を持った平和憲法国家日本が国際平和の維持にどのように貢献し、あわせて自国の安全をどのように図るかという点で、具体的な政策を提示し合う未来志向が求められているときだと思います。

非武装中立論は、冷戦期には日本の軍備拡大を抑えるために一定の役割を果たしたけれど、今後はもうそれではやっていけない、ということですね。これは同時に、社会党は自民党の対抗勢力としてしか機能してこなかったし、存在意義もなかった、とみずから認めたようなものです。事実なんだから、しかたないですか。

多少は社会党に同情されるところがなくはないです。われわれ国民が、野党には実現不可能な理想論、というか、きれいごとを担ってくれるように期待した面はあるのですから。薄汚れた現実は自民党に、なけなしの良心（？）は社会党に、この役割分担こそ五五年体制と呼ばれるもののほんとうの姿だったのでしょう。

実際に政権を担って、現実を認めたとたんに社会党は分裂し、多くは民主党に吸収され、正統的な後継者をもって任じる人びと（純粋社会党？）は社民党をつくりました。民主党は、軍事政策に関しては自民党と見分けがつかないといわれますし、社民党はどうやら非武装中立論にもどったようですが、ミニ政党の規模にまで落ち込んでいます。

それでも、自衛隊がどんどん海外へ出ていく事態になると、かつての「良心」がまたまた呼び起こされるようです。現在、多くの再軍備反対論が登場しています。ほとんどがいままで何度も語られたことのくりかえしのように思えるのですが……。せっかくなので、その実例を次章で検討しましょう。

註としてのコラム 2

日本に掃海艇あり

日本の掃海艇部隊が海外へ出動したのは一九九一（平成三）年が最初ではない。

大東亜戦争敗戦後、旧帝国海軍は解体されたが、掃海艇の乗組員だけは「日本掃海部隊」の名で再編成され、日米両軍によってばらまかれた多数の機雷を除去する作業に従事した。

この作業がつまり「掃海」。地面の地雷にあたるのが海では機雷で、船舶がこれにふれると爆発する。敵の侵入を防ぐ目的であちこちにばらまかれ、戦争後も残ってしまうのがいちばん困る点である。航行中にふれてその犠牲になるのに、軍用船と民間船舶の区別はない。民生のためにも、ぜひ除去しなければならないわけだが、その作業自体に非常な危険がともなう。日本掃海部隊では、殉職（じゅんしょく）者が創設時の一九四五（昭和二十）年から五年間で七七名におよんだ。

特筆すべきなのは、一九五〇（昭和二十五）年、朝鮮戦争が勃発（ぼっぱつ）すると、この部隊は占領軍の命令で、朝鮮半島の元山（ウォンサン）・仁川（インチョン）方面に送られて、掃海作業をしていること。作業中、一隻が機雷にふれて沈没、乗組員のうち炊事係の中谷坂太郎が死亡している。

当時は占領中でもあり、自衛隊の名前さえなかった時代だが、ふつうならこれは戦死だろう。戦後の日本人戦死者第一号はもう存在しているというわけだ。

なお、このことは当時秘密とされ、政府がようやく中谷などの功績を公式に認めて勲章を贈ったのは昭和五十四年になってからだった（参考：能勢省吾「朝鮮戦争に出動した日本特別掃海隊」http://www.dii.jda.go.jp/msdf/mf/special5.htm）。

このあと一九七二（昭和四十七）年五月二十四日の衆議院外務委員会で、楢崎弥之助（社会党）が佐藤内閣に、北ヴェトナム港湾への日本の掃海艇派遣の可能性を質している。

この年にはパリでの和平協議が軌道に乗り、長きにわたったヴェトナム戦争もようやく終わりが見えてきていた時期だった（ヴェトナム和平パリ協定は翌年一月に成立）。しかし、三月には北ヴェトナム軍によるそれまでで最大規模の攻撃があり、これに呼応して、ニクソン大統領が、停戦工作を進める一方で、飛行機から落とすタイプの機雷で北ヴェトナムの全湾港を閉鎖したのだった。

海にばらまくのは簡単だが、除去するのはやっかいなのが機雷。日本は右に述べたような実績があり、またその伝統のために掃海のための技術も機材も充実しているので、停戦後にはアメリカから依頼される可能性もあるのではないか、というのが楢崎の質問の主旨だった。

これに対して佐藤首相は、朝鮮戦争に参加した掃海艇部隊の実績は「不幸にして知」らないとしてから、「海上自衛隊の場合、これはもう厳に禁止されておることだから、そういう海域までは出ていかない」が、海上保安庁なら、国連の編成下に入ったらあるいはそういうこともできるかもしれない、と答えた。

もっともその後、須賀貞之助海上保安庁次長が「保安庁の任務は海上保安庁法に定められた海上における治安の維持、安全の確保に関する業務の範囲内に限られる」と答弁して、佐藤も認め、前言を撤回している。

最後に一九八七（昭和六十二）年、イラン・イラク戦争時、イランがペルシア湾に敷設(ふせつ)した機雷について、具体的な対応を考えてほしいとアメリカが要求してきた。当時の総理・中曽根康弘は、自衛隊の掃海艇派遣や海上保安庁の巡視船の派遣を検討したが、官房長官・後藤田正晴の猛反対で、この案は閣議にもかからず、とりやめになっている。これは、アメリカの要求でも、日本が断れないわけではない例証になる。もちろん、同じペルシア湾でも、八七年と九一年の情勢の違いは考慮に入れなければならないにしても。

第3章　それでも戦争に反対する人びとの言い分

悪者はだれだ

日本ペンクラブが編集した『それでも私は戦争に反対します。』という本があります。イラクに自衛隊が派遣された期に緊急出版されたものです。二〇〇三（平成十五）年末に企画を立てて執筆を依頼、ペンクラブの会員に一方的に依頼し、応じてきた四五人の原稿を収録したものだそうです。著者たちは迷惑でしょうが、これをサンプルにさせていただきます。

落合恵子「生き延びてください。まずはそのことを伝えたくて。……イラクの子どもへ。そして世界中の子どもへ」では、戦争は男たちがやるもの、女・子どもと称される自分たちはいつも一方的な被害者だ、と述べられています。

「わたしたちが生まれる場所を選ぶことができたなら、あなたも私も戦争のない、差別のないところを自分の出生の地として選ぶでしょう。戦争好きや戦争でトクをすることを考える人たちは、そういう人たちが集まるところに移住してもらいましょう」。しかしもちろんそんなことはできないから、「わたしたちが生まれてしまったところから、生まれてしまった時代から、あなたがいま見ているのとは対極にある柔らかい人間関係を、平和で風通しのいい日常の風景を作っていくしかありません」。

よく聞いた言葉です。戦争は単なる厄災であり、絶対悪であって、それ以上のことを考えるのは事実上拒否する。つまり、「戦争好きや戦争でトクをすることを考える人たち」は単なる悪人なのであって、彼らに固有の内面の事情を顧慮する必要など認めません。

当然、落合のいう理想郷「柔らかい人間関係」「平和で風通しのいい日常の風景」からはそういう者もそういう考え方も、排除されなければなりません。「攻撃性に優れていることを『男らしさ』とする文化のもとでは、知らない間に男の子は攻撃性を、自分の特性として学ばされがちです」。それを彼女は「大人社会がでっちあげた頑迷な属性」と名づけ、子どもたちは将来それを超えて生きていくことを期待するのです。

「攻撃性」と呼ばれる性格が、社会（男性社会、なんでしょうね）によってつくりあげられたものなのか、それとも人間、あるいは動物の本性に根ざすものなのか、そんなことはわかりません。ただ、落合も認めているように、攻撃的な暴力は現実にあります。それを絶対悪とみなしてひたすら糾弾する。そうすることで明るい未来が開けてくる、のでしょうか？

こういう人が親だったり学校の先生だったら、子どもはどうでしょう。喧嘩したら叱られる。それはもちろん当然のことです。市民社会では、なるべく争いは、特に暴力は、慎むべきであることは論を待ちません。しかし、同じ叱られるにしても、「絶対悪」を犯したといわれると、ずいぶん怖いなあ。男の子でも女の子でも、そういう環境で育つのは、ずいぶん窮屈なんじゃないかなあ。

弱い者を悪から守ろうとすると

他方、こちらは男性である高橋千劔破（ちはや）が書いた「ブッシュが殺したハルウララ」には、比喩的にではありますが、一方的に悪をなす者と、その被害者になる者の様相が語られています。

郊外にある高橋の家では、小鳥たちのために水場と餌台（えさだい）を用意して、毎朝餌をあげているのだそうです。やってくる小鳥たちのあいだで、争いはありますが、殺し合いにまではいたらず、結局は共存共栄しています。

ところが、この平和な世界へ、招かれざる客がやってくるのです。近所の家で飼っている三毛猫がそれで、彼女（三毛猫の九九パーセントはメスだからこういうので、他意はありません）によって、高橋一家が「ハルウララ」と名づけてかわいがっていたヒヨドリが殺されてしまいます。

「それにしても憎きは三毛猫である。生きるための狩猟ではないのだ。小鳥たちを恐怖のどん底に陥れ、追い散らして楽しんでいるのである」。そう、猫が鼠を捕るのも、小鳥をいじめるのも、スポーツとしてやるのです。これまた、猫族の本性なのか、長い人間とのつきあいのなかで学んだものなのかはわかりません。いずれにせよ、鼠や小鳥の立場になれば迷惑このうえないことにはちがいありませんから、全面的に小鳥の味方である高橋の憎しみを買うのです。

高橋はこの猫に「ブッシュ」という名前をつけたそうです。これは失礼なんじゃないですかね。もちろん、猫に対してですよ。だいたい、高橋個人はそんなことはないのでしょうが、人類は鼠を殺して遊ぶ猫の習性をこれまでずいぶん利用してきたではないですか。一方的に文句をいわれる筋合いはない、と猫になりかわって私が抗議します。

結局、このような比喩の意味あいは、どの立場から見るかでさまざまに変わっていくものなのです。高橋は、アフガン戦争とイラク戦争で、人間以外にもどれだけ大小の無辜の生物が命を奪われたことか、と、猫ではなくアメリカ大統領のブッシュを非難します。しかし、規模は比較にはならないとはいえ、殺戮（さつりく）なら人間以外もやることは、彼の文章にちゃんと書かれていることです。だいたい、食物連鎖ですね、ある生物がほかの生物の餌として殺されることは、生命の誕生以来ずっと続いてきた自然の姿です。

とはいえ、生きるための殺戮ならしかたがないものとして高橋はあきらめるのでしょう。単なる楽しみでほかの命を奪うのが許されないのだ、と。この立場には一定の正当性があります。むやみに生き物を、たとえば猫などを、いじめて遊んでいる子どもを見かけたら、やっぱり叱るべきだと私も思います。生計のために狩りや漁をする人びとと同じというわけにはいきません。

しかし、もっと突っ込んで考えると、この原則も鉄則かどうかはわからなくなります。不潔だから、痒いから、というような理由で蠅や蚊や鼠を殺すのは、許されるのか、そうではないのか。たいていの農薬は、穀物に害を与えない生物まで殺してしまいますが、それは罪なことなのかどうか。

それから、これを悪だとして、その悪から被害者をどうやって守るのか。これは現実的具体的なアクションを要する問題ですから、さらに難しくなってきます。

高橋はさすがに、というべきかどうか、アメリカ大統領ではなくて猫のブッシュを直接とっちめたりはしません。もっとも「追い払ってもすぐには逃げない。距離をはかってこちらを威嚇するごとく小鼻をふくらませて睨みつけ、近づこうとするとプイと横を向いて垣根を飛び越えてしまう」という記述からすると、一触即発状態というか、こちらが近づいてもブッシュが逃げず、捕まえることができたらどうなるか、わからないようですが。

そうはならないので、高橋は結局、棘(とげ)のついたシーツを餌台の下に敷いて、ハルウララ以外の小鳥たちの被害を防いだそうです。これって、「専守防衛」の比喩になりそうですね。猫を説得して小鳥への攻撃をやめさせることができない以上、このような、もっとも消極的なものではあっても、やっぱり物理力に頼るしかない。そういうことです。

これをもっと積極的な手段にしていこうとすると、攻撃ということになりますので、いろいろと問題が生じます。

悪者は私やあなただ

先日、『トリビアの泉』というＴＶ番組を見ていたら、「昆虫記」で有名なファーブルのエピソードが紹介されていました。彼はもちろんこよなく虫を愛した人ですから、虫の声が聞きたいので、鳥が鳴くとその妨げになるということで、庭にくる鳥たちを銃で撃っていたのだそうです。

まことに身勝手な話で、この点では彼も猫ブッシュと同じだといわれるかもしれません。しかし、鳥は虫を殺して食べることはあるのです。殺される立場からしたら、食べ物として殺されるも楽しみのために殺されるも同じこと、私はかわいい庭の虫たちを守るために小鳥を殺すのだ、とファーブルがもうすこし偽善者だったらきっといったことでしょう。そして、どれほど偽善者であろうと悪人であろうと、彼は鳥から見れば恐るべき殺戮者であり、虫から見ればありがたい庇護者ということになりますね。

それにしても、生きる糧を求めているだけの者をいきなり鉄砲で撃ち殺すのはいくらなんでも乱暴だ、とはいえるでしょう。高橋が、にっくき猫ブッシュに対するのに、上に乗らないかぎり無害な棘つきシートだけにしておくのは、節度を弁えているということです。これは無意味な殺戮をなくすという意味で、非常に重要な資質です。

しかし、です。そんなものだけで防衛が達成できるのは、つまり猫が弱い生物だからです。棘くらいものともしない、もっと強力な動物が、たとえば狐などが、小鳥の殺戮者として現れたらどうするか。小鳥を守ることをあきらめるのでなければ、もはや全面対決、つまり、二度とそんなことをする気が起きないくらいやっつけて屈服させるか、それもできなければ殺してしまうくらいしか道はないと感じられないでしょうか。つまり、殺戮もあながち無理ではないと感じられることはないのでしょうか?

これだけのことを踏まえて、大統領ブッシュのことを考えると、彼はビン・ラディンもフセインもとても危険な者であり、世界の平和を維持するためには、つまり無辜の民を守るためには、彼らと彼らに従う者たちを除かねばならない、と本気で考えているようですね。そのためにアフガニスタンやイラクで、いったい何人の無辜の民が犠牲になったか。たぶん万は軽く超えているはずです。それでも彼は、これは平和や正義の実現のためには必要な戦いであり、犠牲なのであって、自分はなにも好きこのんで殺戮をしているわけではない、というでしょう。

どうも、好きこのんで殺しをやっている猫ブッシュやファーブルにくらべて、こういうほうがよりいやらしいし、やっかいだ、という気はします。実際、趣味で殺人をやる人はもともと少ないし、指導者になったりはしませんから、そんなにたくさん殺せません。何かの理想や正義に燃えた人は、その一途(いちず)さで多くの人を惹(ひ)きつけて指導者になったりすることがあって、そうすると、とめようのない熱情に駆られて、非常に多くの人びとを死に追いやったりするものなのです。

高橋も、大統領ブッシュは「対立する人々や価値観の異なる人たちを認めずに悪と決めつけて、敵として殺戮することに何の痛痒(つうよう)も感じないのであろう」と、その独善ぶりを非難しています。ここでやっかいなのは、そういうブッシュを支持する人がけっこういるという事実です。アフガン攻撃やイラク戦争に賛成する人は、開戦時の各種の世論調査ではアメリカ人の過半数を超えていました。いまは半数以下に減りましたし、今後アメリカ軍のイラク駐留が長引くにつれて、ヴェトナム戦争時がそうだったように、厭戦気分が広まり、支持率はますます低下するでしょう。それでも、ゼロになったりはしないでしょう。そんなことなら現在、彼が大統領をやっていられるはずはないからです。

アメリカの、いや、世界の安全を守りつづけるためには、フセインはもう捕まりましたが、ビン・ラディンもザルカウィ、はもう死んだようですが、その後継者も殺すか捕まえるしかない、と、何人かの人は思いつづけるだろうということです。彼らからすれば、アラブゲリラに襲われる可能性がごく少ない日本（今後はどうだかわかりませんが）で、アメリカの強引さを一方的に非難する高橋のような人物こそ独善的なのだ、ということになるでしょう。この溝が埋まらないかぎり、両者のあいだには、大きな対立が、戦争にまで発展してもすこしも不思議ではないような対立が、ずっと残ってしまうのです。

実際、落合恵子が述べているような、「戦争好きや戦争でトクをすることを考える人たち」と「（平和を愛する）私たち」とを截然と二分する考えでは、思考のうえでは、前者を消すことができればいいんだ、というところへすぐに結びつくでしょう。大統領ブッシュも同じように考えて、アフガンやイラクの（彼から見た）悪しき指導者たちを消しにかかったのだ、といえば、落合やその同調者たちは気を悪くするでしょう。

しかし結局、両者の最大の違いは、「私たち」が被害者になるしかない弱い存在と規定されているので、アメリカ大統領がしているような加害は、やりたくてもできない、だからまたそういうことは考えなくてもすんでいるところにあるのであって、それ以上の道徳的な正しさが「私たち」にあるかどうかはわからない、と私には思えるのです。

「戦争とはこんなもの」か

以上は戦争そのものが絶対に悪である、とする立場からの反戦平和思想でした。これと並んで、日本がかつて遂行した戦争は、非常に悲惨だったし、悪でもあったから、日本は二度と戦争を起こしてはならない、という思想も、とてもポピュラーですね。

安西水丸「星」には、かつて大陸で戦い、長いあいだソ連によって抑留されていたタクシーの運転手が出てきます。彼が九州の満天の星を眺めて、しみじみと「平和になって、うれしかです」というところで、彼の一文は終わりです。その一言にこめられた万感の思いを想像しただけで、言葉が出なくなってしまいそうになるのはわかります。が、それでは戦争を語ることはできない。すると平和を語ることもできなくなってしまいます。

もちろん、安西も戦争、ではないですが戦争にまつわることは語っています。つまりシベリア抑留者たちの話です。詳細はこの一文に直接あたるか、ほかの資料を見ていただければいいのですが、とりあえず、大東亜戦争の敗戦時、ソ連に武装解除された日本兵約五七万五〇〇〇人（この数字は日本側の発表。ロシア側の資料では六一万人。実数はそれより多いと考えられている）のうち四七万二〇〇〇人がシベリアに送られ、監獄や捕虜収容所に収容されて、強制労働を課されました。特に第二シベリア鉄道の建設には五万人が使われました。

シベリアは酷寒の地である。その上栄養、衛生状態は劣悪、しかも作業のノルマは高かった。ソ連軍はポツダム宣言第九項により、捕虜たちの帰還を約束したものの、彼らは次々と異国の土と化していった。

一般では、捕虜の帰還は一九四六年の十二月にはじまり、一九五〇年の四月に完了となっている。その間、五十三万人弱が送還されたという。

その後、アメリカ、イギリス、オーストラリアが、冷戦の一環として残留者の調査と送還を迫るために国連に捕虜特別委員会を設置、一九五六年十二月には日ソ共同宣言が成立、有罪判決を受けたすべての日本人が釈放、同月長期抑留者二千六百八十九人が帰国している。若干名は帰化したらしいが、名簿が不十分なため行方不明者も多いという。
戦争とはこんなものである。戦争が世の中を平和にすることなどあり得ないのだ。

どうしてこう、「戦争とはこんなものである」という一般論に結びつけて終わりになるのか、私には不可解です。こういうことをやったのはだれか、はっきりしているではありませんか。スターリン統治下のソ連政府です。

戦争の捕虜に無償で過酷な労働をさせるのは、それだけでハーグ陸戦条約違反ですし、ジュネーブ捕虜条約（正式名称「俘虜ノ待遇ニ関スル千九百二十九年七月二十七日ノ条約」、一九二九年署名）、もっともこれはソ連も日本も批准（ひじゅん）していなかったのですが、ともかく精神には反します。

しかも日本人捕虜の早期解放を約したポツダム宣言第九項にもかかわらず、国連に圧力をかけられるまでは、二六一九人を戦後十年の長きにわたって抑留し、働かせていたのです。「名簿が不十分」なくらい管理体制が杜撰（ずさん）であり、しかし高いノルマは課し、捕虜を人道的に扱う気などなかったからこそ、抑留者は「次々と異国の土と化していった」のでしょう。

これは明らかな犯罪であり、抑留された人びとはその被害者なのです。

戦争にともなう悪

日本も同じようなことをやったろうって？　それはそのとおりです。いちばん有名なのはアメリカ映画『戦場にかける橋』の題材となった泰緬鉄道敷設工事でしょう。

インド攻略のためにタイ（泰）のノンブラドックからビルマ（緬甸）のタンビザヤまで、四一五キロの密林のなかを結んだ軍用鉄道は、アジア各地で日本軍の捕虜となった推定約二〇万人を使い、一九四二（昭和十七）年七月から翌四三（昭和十八）年十月まで、一年三カ月という脅威の早さで完成しました。急工事を可能にした過酷な労働と虐待のため、強制労働させられた連合国の捕虜約一万二〇〇〇人が死亡。アジア人労働者の死亡数は確定していませんが、二～三万人にのぼるだろうといわれています。

こういうことをなかったかのように、あるいはたいしたことではないように見せかけようという気は私にはありません。「戦争中なんだからしかたないんだ」とも思いません。安西も、この話を「戦争なんてこんなもんだ」でしめくくったりしたら、怒るのではないでしょうか。

それというのも、右の引用文のすぐあとには、「シベリア抑留の資料を目にして嘔吐を感じた」ものとして、日本軍の元憲兵による、同じ日本人捕虜への陰惨なリンチが記述されているからです。彼は作業のために編成された捕虜の部隊四〇〇人の隊長となり、罪を犯した隊員を酷寒のなか一晩じゅう木に縛りつけておき、三〇人を死にいたらしめたそうです。最初はソ連軍がやったことだと思われていたものが、昭和二十四年に発覚、日本で起訴されて三年の刑を受けました。

どうも、日本人の悪行ばかりいわれるような気がするのはいいとします。このような事実が洗い出され、語られ、記述され、後代に伝えられるのはよいことです。ただし、たとえば「日本人にはとかく同国人どうしの足の引っぱり合いがある」（安西）などと、いわゆる民族性に結びつけられるのはどうでしょうか。

私は、こういうことは、何国人であっても、いつの時代でも、状況によっては生じる可能性があると思います。少なくとも私自身が、どんな場合でも、自分はどうなっても、こんなことはしない、と断言する自信はありません。ですから、ロシア人と日本人とどっちが悪かったか、悪いか、などという議論は、まったくしょうもない、としか思えないのです。人間がときによってどれほど残酷になりうるか、それは他者を糾弾するためではなく、自戒のために、語られ、伝えられるべきではないでしょうか。

それから、このような犯罪行為を、戦争そのものの悪と一元的に考えてはならないだろうと思います。なるほど、シベリア抑留や泰緬鉄道敷設工事にともなう捕虜虐待は、国家が責めを負うべき罪ですし、そもそも戦争がなければ起きなかったのだし、大戦争のときには規模の大小はあってもほとんどつねに見られるような行為です。そういう意味で「戦争の罪」と呼んでもさしつかえないでしょう。

だからといって、「戦争がある以上はしかたないことだ」などとあきらめてよいものではないでしょう（安西たちがそういっているというわけではありません。論理的にはそういうことにもなる、ということです）。戦争はいつでも、第二次世界大戦後も、現在も、地球のどこかでは行われているのです。人類は当分、戦争のない世界を実現できそうにありません。それなら悲惨を減らすためには、せめて**戦争にともなう悪を、できるだけ少なくするような方途を考えるべき**なのではないでしょうか。

現実にも、一九四九年に改正されたジュネーブ条約をはじめとする、戦争にさまざまなルールを課そうとする人びとの努力は、すべてそこに向けられているでしょう。

いや、戦争には絶対反対だという立場も、心情的にはわかります。右に述べたような、戦争はいまもあるし、今後も当分消えることはないだろう、ということを前提にする立場は、結局、「戦争はあってもしかたがない」ということですし、先ほどの「論理」をここで使えば、「戦争はあってもいいんだ」に結びつくでしょう。

それは非常に厭わしい。戦争が「理想的に」行われたとしても——つまり非戦闘員が殺されたり、捕虜が虐待されることがないとしても——兵士は死にます。それは当然、家族にとっても悲劇になります。悲惨でない戦争などありません。それで、あらゆる戦争に反対する平和主義が日本ではいままで主流だったのだし、それは完全にまちがいだ、とまでは私もいいません。ただ、それでほんとうにやっていけるのだろうか、と疑問を抱いているのです。

戦争をする資格

その一面を示すために、「あらゆる戦争は悪」とまではいわないが、日本がやった戦争は悪というより拙劣（せつれつ）だった、とする一文を『それでも私は戦争に反対します。』中から最後に紹介しておきましょう。

保阪正康「自衛隊のイラク派遣になぜ反対するか」では、日本には戦争をする資格はない、といわれています。それというのも、この国は「戦争」の内実を知らず、軍事行動を支える思想やシステムをもっていないからだ。そのことは大東亜戦争のときに露呈したが、いまの指導者たち、小泉首相や石破茂防衛庁長官（当時）は、この教訓にすこしも学んでいない。だから兵など出すのはきわめて危ういのだ、と。

この保阪の論は、二〇〇二（平成十四）年に彼が発表した「戦争観なき平和論――真珠湾攻撃から六〇年」（のちに単行本『戦争観なき平和論』に収録）を踏まえており、それを読まないとすこしわかりづらいのです。そしてこちらの文章については、私は共感しましたし、学んだところも大でした。

そこで、ちょっとまわり道をして、日本人は戦争を知らなかった、とはどういうことか、四年前の文章から具体的にしておきましょう。保阪が箇条書きにしているものに、保阪本人やそのほかの人から教えられたことを私がコメントとしてまとめたものをつけて、以下に示します。

①戦闘を知らなかった。想像する能力に欠けていた。

日本人は、近代戦が現れた第一次世界大戦をほとんど経験せず、またそこから学びもしなかった。戦地へいかなかった一般民衆が近代戦の圧倒的な悲惨を知るのは、B29によって本土が本格的に爆撃されるようになった一九四四（昭和十九）年十一月からだった。

②戦争が政治と軍事の両面をもつという知識や理解に欠けていた。

日中戦争が本格化してから、外交によって早期に講和を結ぼうとする発想に乏しく、蔣介石を武力で屈服させようとばかりした。軍人が暴走したのだが、政治家も国民も結局はそれを認めた。結果として、国民軍には一度も戦闘で負けなかったのに、敗退することになった。

③戦争を美学のなかに押し込んで思考そのものを放棄した。

戦争とは「国家目的を達成する最後の手段」なのであって、「国威の発揚」のためにやるのではないということさえ理解されていたかどうか疑わしい。

つけくわえますと、戦争が始まったときには、その国は狂熱に浮かされたような状態になるのがふつうらしいです。それだからこそ、冷静に、「いつ戦争を終わらせるか」まで計算に入れて作戦を遂行するための、戦争のプロ、すなわち軍人が必要なのでしょう。

④国際社会のルールや二十世紀の約束事に無知だった。

召集された兵士だけでなく、将校もジュネーブ条約やパリ不戦条約などの国際法を知らなかった。一九四一（昭和十六）年には、捕虜になることを禁じた、まるっきり人権無視の「戦陣訓」まで出している。

以上の諸点については、さまざまな異論があるでしょう。たとえば、前述したようなシベリア抑留を強行したソ連や、東京大空襲や原爆投下で何十万人も非戦闘員を殺し、つい最近もイラク人捕虜を虐待したアメリカなどもまた、先の④の点でやっぱり戦争をする資格に欠けていたといえるのではないか、すると結局、資格のある国などないのではないか、という具合に。

そういう議論はここではしません。私もまた、日本はあれだけの戦争をやるにしては、覚悟や智恵に乏しかった、くらいのことはいえると思っています。

ここから出てくる結論は、戦後の日本人は、平和のために、戦争をこそ学ばなければならなかった、ということではないでしょうか。事実、「戦争観なき平和論」はそういう論旨であり、石橋政嗣の『非武装中立論』（一九八〇年初版）などを、方向こそ逆だが、主観的・空想的なところは戦時中の軍人とすこしも変わらない、と批判しているのです。

ところが、「自衛隊のイラク派遣になぜ反対するか」では、すこし様子が違ってきます。現在の政治家もアジア・太平洋戦争当時の日本の指導者と同型の精神をもっているから、海外派兵などする資格はない、というのは、この前提が正しいとすれば――現在の自衛隊員は国際法は学んでいると思いますが、「戦争をする資格」を得るまでにはいたっていないものかどうか、というような詮索を置けば――いちおう論旨は通ります。しかし次のような箇所は、どう理解したらいいのでしょう。

（前略）いずれの国と比べても日本には二十世紀の戦争を行う条件に著しく欠けています。この欠けていることを一言でいえば、日本は軍事という行動を選択する思想や文化、システムをもっていないということです。このことが昭和という時代の戦争では証明されたと考えるべきでしょう。私はこのことを評して、軍事を選択する資格がなかったと言っているわけですが、むしろこのことは私たちの最大の長所として理解していいのです。

大東亜戦争時の失敗をもって、日本という国自体、根本的に、まったく近代戦争をする資格はない、という断定はすこし乱暴なのではないでしょうか。だいたい、戦時中にいわれた「国体」ではあるまいし、永遠に変わらない国家の思想・文化・システムなどほんとうにあるのかどうか、私は疑っています。

しかしそれ以上に、それが「私たちの最大の長所」だとはどういうことでしょう？　戦争はしない、ではなく、できない、そんな資格はないのが取り柄だとは。以前の「戦争観なき平和論」からすると、それでは結局、平和を、客観的・現実的には希求することもできない、ということになるのではないでしょうか。

すべてひっくるめてこういうことがいえると思います。日本はたしかに一度、戦争で大失敗しました。失敗の経験から学ぶのは大事ですが、日本は、どちらかといえば、もう戦争とはいっさいかかわりあいをもちたくないとして、学ぶことも放棄してしまったのです。そして六十年以上にわたって、とりあえず平和が保たれてきたのだから、ますます学ぶ必要など感じられなくなったのです。

それは幸せなことだったというべきかもしれません。しかし、現に自衛隊を危険地域に送っている現在、われわれは戦争と平和について、あらためて問い返さなければならない立場になっている、と思いみなすべきではないでしょうか。

次章では再び憲法九条に立ち返って、その原理的な問題をできるだけ詰めてみたいと思います。

註としてのコラム ３ 〝戦後神話〟の始まり

国家とは人びとがつくるフィクションなのだから、その起源に関するフィクションがあるのはそんなに特別ではないだろう。たとえば、アメリカ独立宣言中の有名な一節「すべての人は生まれながらにして平等であり、すべての人は神より侵されざるべき権利を与えられている」を思い浮かべてみよう。

アメリカの政府は、この権利を守ることを至上命題としてつくられることになっている。

しかし、ここでいわれている「神」を信じないとしたら、そこから「侵されざるべき権利」が出てくるなんてこともないわけなので、権利そのものがフィクションだということになる。

でもアメリカ人はだれも、めったに教会へいかない不信心者の場合でも、べつにこの言葉に対して文句はいわないし、オレはそんな権利をもらってないからない、なんていう人もいないようだ。

戦前の日本の場合、大日本帝国憲法第一条「大日本帝国ハ万世一系ノ天皇之ヲ統治ス」中の「万世一系」も、どちらかというとフィクションに近いだろう。

戦後日本最大のフィクション、神話ともいうべきものは、日本国憲法は日本人がみずからつくったというものだろう。半藤一利によれば、現憲法成立についてのほんとうのことはみんな知っていたのに、なおこのようにいわれてきた。

ところで、この神話を日本で最初にいった人はだれだかご存じか？　それは天皇である。ウソだと思ったら、六法全書で憲法のページを開いて、最初に掲げてある「日本国憲法公布記念式典の勅語」と、それに続く「公布文」を読んでごらんなさい。もっとも、六法全書は厚くて重いから、次の引用で読めばいい。

【勅語】この憲法は、帝国憲法を全面的に改正したものであつて、国家再建の基礎を人類普遍の原理に求め、自由に表明された国民の総意によつて確定されたのである。即ち、日本国民は、みづから進んで戦争を放棄し、全世界に、正義と秩序とを基調とする永遠の平和が実現することを念願し、常に基本的人権を尊重し、民主主義に基いて国政を運営することを、ここに、明らかに定めたのである。

朕は、国民と共に、全力をあげ、相携へて、この憲法を正しく運用し、節度と責任とを重んじ、自由と平和とを愛する文化国家を建設するやうに勤めたいと思ふ。

【公布文】朕は、日本国民の総意に基いて、新日本建設の礎が、定まるに至つたことを、深くよろこび、枢密顧問の諮詢及び帝国憲法第七十三条による帝国議会の議決を経た帝国憲法の改正を裁可し、ここにこれを公布せしめる。

ここからいろいろなことがいえるだろう。私としては、現憲法無効論をまず第一に思い出す。日本国憲法は帝国憲法の改正というにしては形式的にも内容的にも逸脱しすぎている、つくらせたアメリカはハーグ陸戦条約四三条に違反している、などの理由で、現憲法は無効、すると帝国憲法がじつは生きていたことになるので、あらためてこれを改正して新時代に合わせるべきだ、とする説だ。はじめて知る人はトンデモ説のように感じるかもしれないが、私はここには聞くべきところが多いように感じてきた。しかし、右の、特に勅語をどうするか、わからないので、これには賛成できない。

綸言汗の如し、という言葉を聞いたことがある。綸言とは君主の言葉、狭い意味では勅旨を指す。それは一度出たら、汗と同じく、引っ込めることはできない、という意味である。日本国憲法制定時、天皇は自分の意見を自由にいえるわけはなかったし（しかし、昭和天皇は平和条項は喜んでおられたようだが）、「国民の総意」「みづから進んで」は事実ではないことは明らかだが、やむをえずいいかげんなことをいってしまった、なんぞという聞き苦しい言い訳は、私のような匹夫にこそふさわしい。立憲君主国の、であっても、君主がいうべきことではない。結果、この勅語をなかったことにしたり、まちがっていたなどとはいえないなら、この一事をもって現憲法は正当性が与えられたと考えるしかないのではないか。

私は、権威の中心と権力の中心とを分けるすばらしい智恵だと思うので、共和制よりは立憲君主制に賛成するし、天皇は現在の国事行為（内閣総理大臣の任命、国会の召集、国賓の接受など）のままで、国家元首と呼ばれるべきだと思う。象徴なんて言葉はやめたほうがいい。しかしそれは、帝国憲法の復活ではなく、日本国憲法の改正によってやるしかないようだ。

第4章 憲法を支える／憲法によって支えられる心理

よい憲法ならあらためて選ぼうとする姿勢

前章までで、ある程度明らかになったのではないかと思いますが、戦後日本人の大多数の平和意識は非武装中立論そのものとも微妙に違います。というより、そのような明確な「主義」として打ち出すだけの形はなく、微妙な雰囲気として存在するのです。その核心を考えるために、もう一度憲法にもどり、これを支え、またこれによって支えられている心性はどんなものか、できるだけ明らかにしようと思います。

ここでの問題の焦点は、いちばん簡単にいうとこうなります。日本人は憲法九条をほんとうに自分のものとしているのか。そうでないとすれば、どうしたらいいのか。あるいは、どうしても自分のものにすることができないなら、憲法のほうをどうにかするしかないのですが、その場合はどうしたらいい？

一九九五（平成七）年一月号の『群像』に文芸評論家・加藤典洋が「敗戦後論」を発表し、かなり評判になりました。この十年の日本で、これほど取り上げられて論じられた文章はほかに知りません。私にはこれはすこし不思議でした。独特の文体で、独特のニュアンスで、戦後日本の問題点が語られてはいますが、語られていることの中身にさほど新味があるとは思えなかったからです。

加藤は戦後日本の根底には「ねじれ」があり、そこに生きているわれわれは否応なく「汚れ」を背負っているのだといいます。「ねじれ」は、平和憲法を暴力（アメリカの軍事力）によって押しつけられたところに由来します。そんなことは、まず鳩山一郎をはじめとする自民党の政治家が、のちには福田恆存・江藤淳といった文学者も、それぞれの言い方でいってきたことです。加藤と彼らの違いは、だから現憲法を廃棄ないし改正しよう、とはならないところです。加藤の主張の一つは「平和憲法を選びなおそう」ということで、つまりこれはよいものだと認めているのです。

なるほど、そうであればあるほど、いかがわしい出自からして、いまのままで日本人がほんとうにこれを「自分のもの」として誇れるのかどうか、疑問に思えてくるのもわからなくはないです。それでいて、このような立場はめずらしかった。つまり、護憲派というのは、「憲法押しつけ説」を否定するのがふつうだったのです。

どう否定するのか。だいたいは以下のような内容です。日本国憲法はアメリカ製であったかもしれないが、やがて産みの親からは自分勝手な事情で疎まれるようになった。政権をもっている保守政党はもともとアメリカの手下だから、逆らうことはできず、かえって憲法を捨てて戦前の体制にもどそうとしている。このような危機から憲法を守り抜く過程で、日本の民衆はそれをあらためて自分のものとした、と。

いまも簡単に手に入る本から探すならば、日高六郎『私の平和論』に「一九五八年の総選挙では、（憲法）改正に反対するものは、政党員も労働組合員も、市民も知識人も、全力をあげた」「このとき、日本国憲法は人々のなかにかなり深く内面化した」などと述べられているのがその典型です。保守合同後の最初の総選挙で、岸信介内閣を向こうにまわした戦いこそ、憲法を「深く内面化する」というかたちで勝ち取った機会だったというわけです。

しかし、もちろん日高はよく知っていることですが、このあと反政府運動は複雑に分裂していき、政府＝憲法改悪派、反政府＝護憲派、とは単純にいえなくなりました。早い話が、直後の六〇年安保闘争では、学生の多くは社会党・共産党などの既成左翼政党から離反し、「新左翼」と総称される勢力を形成したのです。そして後者は、もう護憲勢力とはいえません。

加藤典洋は別の本（『戦後を戦後以後、考える』）で、「全共闘運動の時も、多くの学生が『反戦』をいいながらも、『平和憲法』などについて言及することはしなかったのです」と述べています。なぜなら、「憲法を基礎づけ直すための作業はなしに、逆に憲法によって平和憲法を基礎づける。憲法を守護神、用心棒にして、平和を語るということが行われている」のはおかしいと感じられたからだそうです。

私は加藤に同感するところが大きいのは認めます。この感覚には、最初に述べた循環論理、「日本国憲法は戦争を禁じているからよい」⟷「よい憲法が禁じているのだから日本は戦争ができない」の外側に出ようとする志向がうかがえますから。この内部にとどまるかぎり、日本人が憲法を自分のものにすることなど永久にできない。

と、いうことはわかっていたはずなのに、そして、そのような論理に拠る既成の護憲＝反政府勢力にはあきたらなかったはずの全共闘世代、さらにそのすこし前の、新左翼運動を始めた六〇年安保世代もまた、しばらくたつと同じ轍を踏んでしまうことに、加藤は嫌悪感を表明しているのです。

憲法は内容さえよければいいか

具体的には一九九一年、柄谷行人、中上健次、川村湊、田中康夫、島田雅彦、の五人が発起人となって若手の文学者に呼びかけた「『文学者』の討論集会」があり、ここで採択された二つの声明文が、加藤の批判にさらされています。これはもう、みんな忘れたか、忘れたがっている文書のように思えますので、川村湊「湾岸戦後の批評空間」(『戦後批評論』所収)から、あえて全文を引用しておきます。

声明1
私は、日本国家が戦争に加担することに反対します。

声明2
戦後日本の憲法には、「戦争の放棄」という項目がある。それは、他国からの強制ではなく、日本人の自発的な選択として保持されてきた。それは、第二次世界大戦を「最終戦争」として闘った日本人の反省、とりわけアジア諸国に対する加害への反省に基づいている。のみならず、この項目には、二つの世界大戦を経た西洋人の祈念が書きこまれているとわれわれは信じる。世界史の大きな転換期を迎えた今、われわれは現行憲法の理念こそが最も普遍的、かつラディカルであると信じる。われわれは、直接的であれ間接的であれ、日本が戦争に加担することを望まない。われわれは、「戦争の放棄」の上で日本があらゆる国際的貢献をなすべきであると考える。

われわれは、日本が湾岸戦争および今後ありうる一切の戦争に加担することに反対する。

このように声明が二つに分かれた事情は、川村によると、討論集会の参加者のうちでも、ただ日本が戦争に加担することに、それも「私」一個人として反対、だけで一致するという人と、柄谷ら発起人の思想に「われわれ」として賛同する、という二つに分かれたからだそうで、集会への参加者約五〇人のうち、「声明１」への賛成署名者は四二人、「声明２」には一六名の署名があるとのことです。

もともと参加を呼びかけた五〇人ほどというのが、発起人たちが恣意的に選んだのだそうですが、そのなかでも一六人しか賛同しなかった「声明２」は、まさに柄谷たちが望んだように、「文学者」一般などという枠は感じさせないものではあります。

それは承知のうえで、加藤典洋がこれに対して行ったツッコミを見てみましょう。「戦争の放棄」は「他国からの強制ではなく、日本人の自発的な選択として保持されてきた」というのは、端的に、事実を無視した神話である。日本人の大部分は、これが理想だというより、これがあれば自分や自分の家族は死ななくてもすむんじゃないかと思ったので、保持してきたにすぎない。「第二次世界大戦を『最終戦争』として闘った」というのは、石原莞爾などごく一部の軍人・思想家にそういう人がいた、というだけの話（これは加藤ではなく、私がいっていることです）。「アジア諸国に対する加害への反省」については後述。

「二つの世界大戦を経た西洋人の祈念が書きこまれている」のは半ば以上事実かもしれない。しかし、それならなぜ西洋人たちは、自国の憲法などに戦争放棄を明記する道を選ばず、彼らから見て極東の小国にそうさせたのか。理想主義の反面には、「平和への祈り」を押しつけることで、日本への復讐心を満たし、同時に日本の軍事的な危険性を半永久的に摘んでおこうとする悪意があったことは、わざと目を背けるのでないかぎり、ほとんど自明のことである。

右は加藤の文に私の言葉をすこし混ぜたものですが、川村湊は、大略このような批判に対して、「私が声明の署名者の一人でなければ『なるほど』と肯いてしまいそうな明晰な論理である」と率直に認め、しかし、かほどに悪意に満ちた自分たちへの批判はどこからくるのか、そこに「過度の潔癖さ」あるいは「異様な情念」を感じざるをえない、といっています。「なにも、そうこだわらなくてもいいじゃない」といいたげです。日本国憲法が押しつけられたものであることを知らないわけではないが、「それを（戦争放棄条項を）本気であれウソん気であれ、〝信じてみよう〟としたらどうなるだろうか」と、彼女は本人の言葉を借りれば「ヌケヌケと」いっています。日本国憲法をことあらためて件(くだん)の声明文のように認定するのは、加藤のいう憲法の「選びなおし」にはならないのか、と。それは欺瞞だとしても、加藤の示す潔癖さよりはマシなのではないか、ということらしいです。

川村という人は、護憲派によくいる「内容さえよけりゃいいじゃないか」派、くわしくいいますと「憲法は内容さえよけりゃ制定過程なんてどうでもいいじゃないか」派と同じか、同じようなものなのでしょう。なぜ内容がいいのかといえば、平和を定めているからで、平和はいいに決まっているからです。この地点で、半ば積極的に思考停止します。平和主義は戦後日本の公理なのであって、それなら証明を必要としないはずだ、だから憲法は疑いもなくいい、と。それならひっくりかえして、憲法に定めてあるから平和はいい、といってもさしつかえない。これで前述の循環論法が完成します。

加藤のように、「そうかそうか。では平和憲法がなかったら（戦争に）反対しないわけか」（「敗戦後論」）などというのは、「過度の潔癖さ」か「異様な情念」か、あるいは何かのためにする意地悪か、そのどれかだと思えるのでしょう。そんなことをいったらすべてが台無しになる。公理を疑うことになるのですから。こういう思考回路ができたのも、戦後あのような憲法をもって過ごしてきたことの産物にほかなりません。

人間が自由であるためには

「『文学者』の討論集会」発起人のうちでも、おそらくは中心人物だった柄谷行人は、さすがに、というべきかどうか、もうすこし複雑な見解を示しています。彼が憲法に直接言及したのは、岩井克人との対談『終りなき世界』（一九九〇年）が最初だと思いますが、その後の一九九一年、法政大学で行われた講演「自主的憲法について」（『〈戦前〉の思考』所収）は、非常にユニークな憲法九条論であり、また加藤が提出している論点にも、彼なりの回答はちゃんと用意されていたことがわかります。先の「声明2」に賛成署名をした一六名というのが、ここまで同意していたのかどうか、それはわかりませんけれど。

柄谷はまず、「自主性（夏目漱石の有名な講演「現代日本の開花」中の言葉である「内発性」、それから二つを混ぜたような「自発的」も同じように使われています）」なんて信用ならん、といっています。個人も国家も必ず他者とのかかわりのなかで生きていくものである以上、完全に自由ではありえない。「自分」というものを意識した段階で、すでにほかとの関係性のなかに組み込まれているのが人間で、「これが自分の考えだ」と思っても、それは必ず前に他者から受け取ったものでしょう。完全な自主性・内発性なんてものはないんだ、と、これは「自己」に関する原理論ですね。そのかぎりでは正しいです。

それでも自由を求めようとするなら、何か超越的なものを想定せずにはすまない、と柄谷はいいます。すぐに思いつくのはキリスト教の唯一絶対神ですが、それにかぎらず、たとえば漱石の「則天去私」中の「天」でもいい。これは私にはすぐにピンとくる論理ですが、そうでない人もいるかもしれず、柄谷はここでくわしく説明していませんので、私の言葉で解説しておきます。

自由という言葉も使ってしまいましたが、それなら自分のしたいようにすることが大事なのか、というと、すこし違うのです。第一に、完全に自分の好きなことなんて、人間にはできません。第二に、「自分の好きなこと」というのが、食欲・性欲などの原始的な本能に基づくものはともかく、それ以上は社会的な欲望ですから、社会が、つまりは他者とのかかわりがなければそもそも生じないものです。いったい金銭欲や名誉欲といった、他者から認められることを達成の要件とする欲望が、自分のなかから「内発的」に生じたものなのか、あるいは、よそから「外発的」に与えられたものなのか、そんなことを知る手段はありませんし、もともと、このような問い自体が無意味です。

そういうわけで、自分が自分であることの究極の根拠を求めるなら、自己‐他者の関係性でできる人の世を超えた次元の、超越者を想定せずにはすまないのです。「則天去私」中の「私」は、自己‐他者関係中の一要素にすぎない小さな私のことで、「天」という超越者に則った大きな「私」を得るには、そんなものは捨てたほうがいい、ということだろうと思います。

しかし、そんな大きなものというのも、要するに人間がつくりあげた観念の、もっといえば妄想の産物にすぎないだろう、といわれるかもしれません。それはそうです。そこで超越者は、「自分の自由にはならない」ことが大事なのです。むかし話のなかにはときどき神様との取引の話が出てきますが、取引できるくらいなら神様ではあっても超越者ではありません。

第1章で取り上げた三好十郎「その人を知らず」で、主人公は「自分の信じるイエスが『殺す勿れ』といっているのだから、必ず殺すことになる戦争へは行かない。その結果、家族や周囲に迷惑をかけるのはすまないとは思うが、どうにも仕方ない」と主張します。彼に洗礼を施して聖書を教えた牧師が、イエスは「カイゼルのものはカイゼルへ」と、この世の俗権に属するものへは信仰は関与しないともいっているではないか、云々と説得しても耳を貸しません。自分の都合如何でどうにかできるようなのは超越者ではない。彼はそうはいいませんが、態度でそれを示すわけです。

でも、キリスト教徒だって戦争するじゃないか、ですって？　そうですね。そのために、右の牧師のような人が、いろいろ便利な解釈を用意してくれているのでしょう。キリスト教が世界宗教として広がるためには、カイゼル（ローマ帝国の皇帝）、つまり俗界の権力と妥協する必要があった。この事実はキリスト教団という一集団の都合であり、超越者とは関係ないのです。

そして、個々人の内面ともあまり関係ありません。たぶん、ただ形式的に入信しているだけではないキリスト教徒が戦争にいくなら、きっと、「殺す勿れ」の教義との矛盾をどうするのか、各人で考え出すか、考えつかないで悩むのではないでしょうか。

おわかりかと思いますが、このようなときはじめて、個人の「内面」が大きく迫り上がってくるのです。「ほんとうの自分」がかりにも問題になるのは、こういう、超越者とのかかわりのなかでしかありえません。

以上で納得していただけたかどうかわかりませんし、柄谷自身がこのような考えなのかどうかもよくわからないのですが、彼の言葉のほうへもどります。なにしろ自主性なんて信用ならん、と。ほんとうは信仰にしたって、自分から進んで入信したんじゃないほうがいいんだ、とさえいっています。これが「自主的憲法について」の議論のポイントですから、いちばん吟味されるべきでしょう。

押しつけられたことの利点

柄谷が出している例は内村鑑三です。彼は札幌農学校で、前年、教鞭をとっていたクラークの残した「イエスを信ずる者の誓約」に署名するように一期生に強要され（内村は二期生）、抵抗しきれずに署名した。彼の信仰は最初、このような「押しつけ」から始まった。しかしその後、自発的に入信したはずの先輩たちの多くは棄教し、内村は、無教会派という独特の形でだが、生涯、信仰を貫き通した。

同じように、日本国憲法も押しつけられたものだからこそいいんだ、と柄谷はいうのです。押しつけたアメリカは、その後、この憲法を失敗作とみなすようになります。しかし、それはもう関係ない。キリスト教を内村に押しつけた者たちと内村の信仰が関係なかったように。

肝心なのは、内村が自主的にキリスト教を選んだのではないところで、だからこそそれは彼にとって、自分勝手には捨てられない、超越者と呼ばれるにふさわしいものになった。「超越者への信仰には、『自発的』な選択によるのではなく、むしろそうした『自発性』が否定されるような過程がなければならない」（「自主的憲法について」）。日本国憲法の場合もそれと同じ。

憲法九条は、アメリカの占領軍によって強制された。この場合、日本の軍事的復活を抑えるという目的だけでなく、そこにカント以来の理念が入っていたことを否定できません。草案を作った人たち（すべてでないとしても）が自国の憲法にそう書き込みたかったものを、日本の憲法に書き込んだのです。これは日本人に対する強制です。日本人はそのような憲法が発布されるとは夢にも思わなかった。日本人が「自発的」に憲法を作っていたら、九条がないのみならず、多くの点で、明治憲法とあまり変わらないものとなっていたでしょう。ソ連を理想化していた社会主義者も、憲法九条のような途轍もないものを考えるわけがありません。それより日本に「赤軍」を作ろうとしたでしょう。しかし、まさに当時の日本の権力にとって「強制」でしかなかったこの条項は、その後、日本が独立して簡単に変えることができたにもかかわらず、変えられませんでした。それは、大多数の国民の間にあの戦争体験が生きていたからです。しかし、死者たちは語りません。この条項が語るのです。それは死者や生き残った日本人の「意志」を超えています。もしそうでなければ、何度もいうように、こんな条項はとうに廃棄されているはずです。

ここには強引な結びつけ以上のものがあると感じます。押しつけられるってそんなにいいものか、押しつけられたわけではない信仰や信念を生涯、貫いた例はたくさんあるではないか、というかそちらのほうが多いではないか、などという素朴な疑問は当然すぐに浮かぶのですが、その前に、またまた僭越ながら、日本国憲法に関して柄谷の考えの方向で、彼が直接はいっていない心理を忖度しておきましょう。

独立後の日本が憲法を変えなかったのはなぜか。まず、悲惨な戦争体験から、戦争は二度とごめんだという意識が戦後日本にはあったからだ、と、これはそのとおりでしょう。しかし、こんな記憶はいつまでもアテになるものではありません。直接、戦争を体験した世代の人たちはどんどん減っていくからです。

そこで、条文として具体的に形になって残っているものが大事になるというわけです。それは目に見える記念碑でもあります。何の？　悲惨な戦争とその犠牲者の？　それもあります。と同時に、そのような戦争を起こした日本の「恥」を忘れないためのモニュメントでもあるのです。

私が思うに、このへんの心性はもう一段、錯綜（さくそう）しています。事実無謀な戦争をやった「恥」のうえに、その認識を他国から与えられ、自国の基本法にまで書き込まれたという「恥」が上塗りされているのです。これがあるかぎり、憲法九条は日本人にとって、自分のものであってそうでもないような、落ち着かない位置を占めます。すると、自分の意思だけで変えてもいいものかどうか、ためらいが生じます。押しつけられたことの利点とは、つまりそういうことでしょう。

なぜ利点なのか？　それはだって、憲法に非戦条項があることは、日本人がかつて恥ずべき大罪を犯したことの目に見えるなによりの印であり、これを変えずに保持していることは、日本人がそれを忘れずにいることの証になるではないですか。そうであれば、日本は二度と再び戦争をするようなことはない、はずでしょう？

そういういいことなので、恥は「恥」というマイナスの言葉では語られませんでした。「反省」といわれるのです。前述の「声明2」中の「日本人の反省、とりわけアジア諸国に対する加害への反省」がそうです。この内容は、「アジア諸国にひどいことをしてほんとうに恥ずかしい。もうそのようなこと、だけでなく、それに近いことも、近くなる可能性がありそうなことも、二度とできない」ということでしょう。ああいう憲法をもっている以上、われわれはこの恥を承認しているのだし、また、恥を忘れないでいるためには憲法を変えるべきではない。先ほどの循環論理のすぐ裏側にもう一つ、こういう循環論理が働いているのです。

以上のように考えると、柄谷の憲法観は、たんに逆説を弄んでいるだけではなく、たいへんリアリティがあり、戦後日本人の意識の、少なくとも一部は正確にいいあてていると思えます。もっとも、柄谷からは、「オレはそんなことをいいたかったわけではない」といわれる可能性も依然としてありますけど。

恥を内面化するには

いちおうの傍証としては、彼がフロイトの「去勢」概念をもちだしていることがあげられるでしょう。父親（上位者・超越者）から母親に対する欲望が禁止されること、というのは、あくまで比喩ととらえたほうがいいと私は思っていますが、このような、欲望→それが上位の者によって禁止される→禁止事項を自分のものとして受け入れる、この葛藤の過程ではじめて「内面」が生まれる。

さらにこれを日本人全体の内面の問題に広げて、日本は歴史的に、たとえば仏教の受け入れやら黒船渡来などのかたちで、ほかからの命令・禁止（旧来の信仰が部分的に禁止される、国内にしか目を向けないでいることは禁止される）を受けているが、それを内面化しないような文化的な装置が働いていた、といわれます。

ただ一つの例外が大東亜戦争後に戦争を禁止されたことで、これがトラウマのように残っているのは、憲法九条という形になっているからだ。これこそが日本がはじめてもった普遍的な原理なのであって、これを失うならすべてを失うだろう、と。

すると残る問題は、この禁止事項をどのように内面化するかです。「私は、憲法九条を『自主的に』改正すべきだと思っているのです」と柄谷は、これだけ取り出すと矛盾しているようなこともいうのですが、要は、戦争放棄の理念をあらためて自分のものとして承認することです。最初、信仰を強制された内村鑑三が、留学先のアメリカであらためて「回心」したような過程はやはり必要なのです。

だいたい、ほかから強制された原理はタテマエとして神棚に祀（まつ）っておいて、現実にはまったく別の対応をするというのは、日本のお家芸であり、先ほど述べた「文化的な装置」の中身なのですが、これはいまの場合、非常に危険である、と。外国からは日本の正体について疑惑の目を向けられるし、国家の基本法が現実になんの効力ももたないようなのは、近代法治国家としての体をなさないですから。「自衛隊を文字通り『自衛』に限定されたものとして憲法上確認すべき」だというのが、柄谷の主張なのです。

もっとも日本国憲法は、できた当初は、自衛のための軍事力も禁止していると考えられたので、このような考え方もまた、現実に合わせて原理を後退させているのですが、それはこの際、問わないことにします。

ただし、非武装中立ではなく、純粋に自衛のための戦争だけは認める武装中立を徹底させた場合の問題点は考えておきましょう。いかなる理由があっても、他国の軍事行動にはいかなる協力もしないわけですから、こちらも自国を守るために他国の援助を期待できる義理はありません。日米安保条約などは積極的に廃止すると通告すべきでしょう。そうでなければ、それこそ原理的に筋が通りません。

それでは、かつてマッカーサーがいったとかいう、「日本は東洋のスイスたれ」をめざすことになるのですか？　すると、スイスのように、徴兵制を施行して、国民全員に国防のための意欲と技術を教えるべきなのでしょうか？

以上のような論点は、むかしテレビの討論番組でも何度かいわれるのを聞きましたが、これにどういう反論があったか、覚えていません。どうもそんなものはなかったんじゃないかなあ。だって、あえて単純化して断定すると、非武装中立だけでなく、武装中立だって空想的だと、みな腹の中では思っていましたから。

戦後すぐはともかく、一九六〇年代以降は、対米追随（つまり非中立）以外に現実的な選択肢がないことは、学生以外はみんなわかっていて、ただ、それもあんまりすぎると危険はあるし（アメリカが世界各国でやっている戦争に日本も巻き込まれるかもしれないという）、みっともないし、どうしましょう、というところだけで議論されていた、それが日本の「国防問題」であったのですから。現実の政策論として、そのときどきで重大な懸案事項はあっても、個々の状況を超越した「原理」などが顧みられたことなどなかったのです。

何かを原理として立てるとは、簡単には妥協できない線を引く、ということです。それが口先だけのものではないなら、結果生じてくる、たとえば他国に守ってもらえなくなるというような現実のリスクは引き受けることです。

いやあ、しかし、こんなのこそ空想的だと思われるかもしれませんね。自分の一身の安寧（あんねい）を犠牲にしてまで原理（理念・理想といっても同じことです）を生かすことを選ぶなんて、どこの国でも、どの時代でも、凡人にはなしえません。結局は現実の要請の前に原理をどんどん後退させることでしょう。

ただ、すこし逆説めきますが、後退してもなお、原理はあったほうがいいのです。どれくらい後退したのか、それを知るための目印になるのが原理なのですから。それがなかったらわれわれは、自分がいまどこにいるのかもわからないし、現状がいよいよまずくなっても、どっちの方向へ進むか、あるいはもどるべきなのかもわからない。原理とは、座標軸としてまず役に立つのだと思ってください。

記憶をめぐる争い

話をもとにもどして、以上で明らかになったことは、「憲法を自主的に選びなおせ」ということに関しては、加藤典洋と柄谷行人がどうやら一致していることです。具体的には、二人とも、押しつけられた事実をごまかさずに直視したうえで、あらためて非戦主義を日本国民のものとしようと提言しているのです。両者の大きな違いは、中間の部分にあります。

それはなにより、日本が受けた恥をどうみなすかにかかっています。ここで、この二人のあいだに論争が生じた事実はありません（柄谷と浅田彰が主宰していた雑誌『批評空間』第Ⅱ期七号で、柄谷・浅田に、加藤と対談して共感を示していた西谷修と、加藤のおもな論敵となった高橋哲哉の四人で座談会をした、そのときの発言以外には、柄谷が加藤の論に直接言及したことはありません）。

加藤を批判したのは別の人たちで、このときは明確に「恥」という言葉も使われました。

おさらいしますと、日本人は平和憲法が示す平和主義を力で押しつけられた事実を、柄谷のように、いいことだと考えたとしても、やっぱり平和主義は、他国からなんといわれようとすばらしいのだと、日本人が納得する必要はある。そのためには、その歴史的な前提となっている大東亜戦争とはなんだったのか、そこで兵士となった日本人たちはなんのために戦い、何を思って死んでいったのか、あらためてちゃんと意識のなかに位置づけておかなければならないのではないか。記憶のない人間に主体はないのだから、というのが加藤の問題意識です。

「日本の三百万の死者を悼むことを先に置いて、その哀悼をつうじてアジアの二千万人の死者の哀悼、死者への謝罪にいたる道は可能か」

「敗戦後論」中のこの言葉は非常に有名になりまして、高橋哲哉などはここを中心にして加藤批判をくりひろげました。それはつまり、国家の栄誉を担って死んだ英霊としてであれ、戦争の犠牲者としてであれ、戦争で死んだ日本人を特別視することであり、ナショナリズムの立ち上げでしかないだろう、と。

特別視かどうかはさておき、加藤は次のように述べています。戦後の「ねじれ」の結果、日本人にはジキルとハイドのような人格分裂が生じた。そのため、「アジア諸国に対する加害」をいくら反省しろといわれても、反省する主体が定まらない。

その例証としては、中国や韓国から批判されると、「なんだか怒っているみたいだからいちおう謝っとくか」とばかりに、謝罪のポーズだけは示し、その一方でポロリと、日本は大東亜戦争中いいこともしたんだ、というようなホンネが閣僚の口からこぼれて、新たな批判を招く、そんな醜態（しゅうたい）が、特に一九九〇年代初頭、何度もくりかえされたことがあげられています。

これに対して高橋は大略、次のように反駁（はんばく）します。日本人にとって必要なことは、日本軍の蛮行の被害者となったアジアの民の声に虚心（きょしん）に耳を傾けることだ。日本人はかつて彼らの人権どころか、もっとも基本的な人間性さえ踏みにじって省みなかった。いま彼らの言葉を聞き、かつての行いを具体的に知って、それに「無限に恥じ入る」ことは、こちらが一度、暴力で断ち切った彼らとの関係を回復することであり、それを通じて日本人の主体の回復もまた図られなければならない（「汚辱の記憶をめぐって」、『戦後責任論』所収）。

これだと、アジアの犠牲者に対する謝罪以前に日本人を問題にしてはならない、ということになります。けっこう過激な意見なのです。

すこしややこしいのは、加藤もまた、べつにナショナリズムの確立をめざしてはいないところです。「日本の三百万の死者を悼む」といっても、靖国法案推進派とはその点で違います。彼の最終目標は、国家によって枠づけられる「共同性」を解除して、より広い「公共性」にいたることらしく、それなら高橋たちと一致します。ただし、その方向、というか、そこにいたる手順がちょうど逆になっているのです。

犠牲者を前面に出せば反論できない

これ以上、加藤の論をたどるのはやめます。国家が将来、廃棄されるべきものなのかどうか、それが人類にとっていいことなのかどうか、そこまではまったく理解がおよびませんので。ただ、いま現に国家はある。世界が次の段階へ進む日があるとしても、それは必ず現在の国家が抱える問題が乗り越えられたかたちでなくてはならないはずです。そして、近代で大戦争を起こすのはだいたいが国家であり、ここに国家の本質の一部が端的に現れるからこそ、加藤も高橋も、それ以外の人も問題にするのでしょう。

本書ではこの当たり前の事実にとどまります。

以後しばらくのあいだ、高橋哲哉や、同じようなことをいう人はほかにたくさんいますので、彼らの言説を検討しましょう。平和主義を支えるものとして、かつての日本国家の侵略行為に対する反省をもっとも重視する、そのために、そこでの恥ずべき行いをできるだけ暴き立て、いい立てる、という彼らのやり方は、戦後日本の思潮のある種の煮つまりを示しているように思えます。

それだけにずいぶん強引だし、のみならず、ずるいところがある、と私には感じられます。第一に、戦争の犠牲者を前面に出して、反論しづらくしているところ、反論するのは戦争犠牲者を見捨てて省みない非情な人間ばかりであるかのように見せる言い方になっているところがそうです。

私も好きこのんで非情な人間だとは思われたくありませんので（実際にそうならかまいませんが、まったく違いますので）、いちおう断っておきましょう。規模の大小・程度を度外視していえば、日本軍が大東亜戦争において、掠奪・強姦・非戦闘員の殺害などの非道を他国で行ったことは事実でしょう。もとより国家として不名誉なことであり、反省が必要です。日本が将来、不幸にして他国で戦闘行為に巻き込まれたときには、こういうのは極力ないようにしなければならない。

また、このような非道の犠牲になった他国民には、できるだけの償いをしたほうがいい。ただそれも、主権を回復した政府があるのなら、そことの協議のうえでなされなければならないのは当然でしょう。

日本は一九六五（昭和四十）年の日韓基本条約を皮切りに、北朝鮮を除くすべての旧交戦国と講和を結び、そのなかで、それなりの賠償金も支払ってきました。それが十分なものであったかどうか、議論されるのはかまいませんが、一般に、何が「十分」かなどと考えはじめたらキリがなくて、いつまでたっても解決しないことになりかねないのがこの世の実態でしょう。

死んだ人は決して生き返らず、一度やったことは取り返しがつきません。それを承知のうえで、あえて金に換算して、いちおうの解決とするのが補償・賠償というものなのですから、よほどのことがないかぎり蒸し返すべきではないと思います。

反省を強要してどうなる

ここでさらに、金ではなく、心の問題はどうなんだ、といわれそうですね。人の心ほどやっかいなものはないのに。

現在、周知のように、「日本人はちゃんと反省しろ」派と「もう十分にしたよ。どれくらい反省すればいいんだ」派の争いは、国際的にも国内的にもにぎにぎしく、日本外交の一大懸案事項になっています。しかし、こんなのが政治問題になること自体、とても不幸なことなのです。それだけでもわかっていただくことを期待して、以下に愚考を述べます。

まず、反省って人に求めるべきものかどうか。私も「反省しろ」といったことはあります、というか、つい先ほど「反省が必要です」などと生意気なことを申しました。しかし、おわかりかと思いますが、私は過去の日本軍の非道を「失敗」と考え、これを未来のための教訓にしようといったのです。

高橋たちは、それは「罪」なのだから、そこのところをよく認識して、日本人は悔い改めた罪人として今後生きていくべきだ、という。過去の罪に対して何か言い訳めいたことをいうのは、十分に悔いていない証拠なんで、いけないことになる。反省のベクトルがまるで違います。

自分たちだけが悔い改めたいというだけの話なら、文句をいう筋合いはありません。それを「悔い改めよう」と日本人全体に呼びかけるとなると、そのなかには私自身も含まれるわけですから、他人事ではすまなくなります。それに、しばらく前から現在まで、特に中国・

韓国からの反省・謝罪要求は強く、それがこのような日本国内の主張と連動しているのですから、つまりは反省の強要なのです。

かくいう私も、教師という職業柄、生徒に対して反省の強要に近いことをしたこともあります。「悪いことをしたんだから、ちゃんと反省しろ」とかね。それでたいていの場合、しばらくたつと、無意味なことをいったなあ、とそれこそ反省されたものです。人はだれも、他人の心を直接どうにかする能力はありません。こういうところで人間は、根本的に、どうしようもなく自由なのです。

だから私は、反省を強要するのはけしからん、と自分を棚に上げて非難したいわけではなく、このような人間の条件に関するデリカシーとか、大人として現実に対処するためには必要だと思われる諦念（ていねん）（人にはできることとできないことがある、という見切り）が、まったく無視されている、だけならまだしも、無視すべきだとさえ思っているらしいのが気に入らないのです。

たとえば、凶悪犯罪者などに反省を求めるのは、最近、強まった風潮のように思います。ところで、どうでしょう、犯人が裁判のときに「反省しています」と頭を下げたとして、それが心からのものなのか、罪を軽減したいための芝居なのか、確実に判断できる人がいますか？　それに、たとえそのときはほんとうに罪を悔いていたとしても、いつかそういう感情が薄れて、また同じような罪をくりかえすことがあるのも人間の実態です。人間の心とはそれほどつかみづらく、移ろいやすい。だからこそ、犯罪や犯罪的行為には、刑罰や補償などの、目に見える応報措置が必要とされるのでしょう。

乱暴に縮めると、次のようにいえると思います。他人から強制された反省なんてアテにならず、ほとんど無意味。反省することもしないこともできる自由な人間が反省するからこそ、反省にもすこしは意味があるのです。

直接やったことではない過ちへの責任

高橋たちのいいようには、さらにやっかいな点があります。現在では日本人も戦後生まれのほうがずっと多い。高橋に加藤、そして私もそうです。だから、日本人は過去の戦争の罪を悔いろ、というのは、自分が直接やったわけではない罪についていわれているのです。つまり、戦後生まれの世代の戦争責任。

これをどう考えるか、当然のことながらとても難しい。個人の場合、父親が犯罪者なのだから、息子であるおまえがその罪を反省しろ、被害者に謝罪をしろ、などといえば、心ない言いがかりだと思えるでしょう。国家の場合は明らかにそれとは違うでしょうが、しかし次のような論理ですむのでしょうか。

国家補償や責任者処罰といった法的責任の履行を求められているのは日本政府です。さて、日本人が「自分は日本政府とは関係ない。責任があるのは日本政府であって自分は関係ない」といえるでしょうか。私のいう「日本人」は「日本国民」の一員であり、日本国憲法によって日本国政府と特別の関係に置かれています。（下略）

たとえば私が、「自分は日本人であることに重きを置きたくない」とか、「日本人ではなくコスモポリタンとして、あるいは個人として、あくまで〈私〉として行動したい」とか主観的に思っても、思わなくても、この関係は厳然として存在します。あたりまえのことですが、脱税されたら追及されるという意味では私は日本国民として日本国家に拘束されています。選挙権や被選挙権という形で参政権をもつという意味では私は日本国の政治的主権者の一人です。外国旅行をするときには日本政府発行のパスポートに守られているという意味では、私は日本国民としてある種の利益を享受しています。これらの関係を当然のこととして生活していながら、日本国家が戦争責任の履行を求められたときだけ「自分は関係ない」ということはできないでしょう。日本人は日本国家の主権者として、日本国家の政治的なあり方に責任を負っています。政府が他国の被害者に対して、また自国の被害者に対しても、当然果たすべき法的責任を果たそうとしないときには、それを果たさせる政治的な責任がある、というべきではないでしょうか。(下略)

(「「戦争責任」再考」、『戦後責任論』所収)

なるほど、私もまた、日本国という法人格に属し、その法律に拘束され、また逆に法律によって守られている者ではあります。つまり私は法的にはそのような存在です。ただし、その事実をここまで拡大するのは、飛躍というべきです。法的な関係が私の全存在にかかわるわけではありませんから。

国民の義務については、高橋源一郎が、イラクの人質問題に関連しておもしろいことをいっていました。

わたしは、わたしの国の政府が信じられないくらい無能で嘘(うそ)つきの集団だと思っていますが、だからといって革命を起こそうとは思いません。面倒くさいし。たいへんだし。

それどころか、わたしは法律で規定された「国民の義務」を遵守しています。つまり、わたしは「寝食を忘れて」働いて得た収入から毎年何百万もの国税を政府に文句もいわずに納めています。そして、わたしは、わたしの払ったその金で、政府の役人や政治家たちを雇っているのです。わたしは、わたしの義務を完全に果たしました。それ以上の義務はなにもありません。あとは、政府の役人や政治家たちに、彼らの義務を果たしてもらうだけです。つまり、彼らにはするべき仕事をしてもらわなきゃなんない。

（「国民の義務、政府の義務　そしてボランティアの役割」、『朝日新聞』二〇〇四年四月十九日、東京夕刊）

厳密には、日本国憲法には納税以外にあと二つ、国民の果たすべき義務として勤労と教育の義務があり、三大義務といわれているわけですが、大筋では高橋のいうとおりでしょう。この義務を果たしさえすれば、日本国にはその者をできるだけ守る義務がある、というより、守ってもらうためにわれわれは税金で政治家や役人を雇っているのだ、といっていいわけです。

「日本政府発行のパスポートに守られているという意味では、私は日本国民としてある種の利益を享受して」いるからといって、何をありがたがる必要があるでしょう。タダで守ってくれているわけでもあるまいし。パスポートの発行には、どういうわけか税金以外に料金まで取られるんだし。

「謝罪の義務」なんてありえない

高橋（源一郎のほう）は、人質になったボランティアの活動家は、むしろ日本のためにもいいことをしたんだ、と考える立場です。しかし、この論理では、いいことをしようとしまいと、まして、思うだけなら、たとえば日本でもアメリカでも中国でも韓国でも、大嫌いだと思っていようといまいと、いっさい関係なく、国は彼らの身の安全のためにできるだけのことをするのが当然なのだ、ということになります（傭兵として働いていた場合でも、税金さえ払っているなら、やはりそうしてもらう権利はあります）。

だから、彼らのために国がしたことは、当然の義務を果たしただけのことなのであって、それをあとになってから、国に迷惑をかけたことを謝罪しろの反省しろのというのは、まったく筋違いだ、となります。そのとおりです。日本国憲法には、「国民は国を愛すべし」なんて条項はないし、あってはならないと私も思います（教育基本法は憲法とは性質が違いますが、私は為政者から「愛国心をもて」なんていわれたくないので、こちらにも不要だと思っています）。

ですからまた、「日本がむかしやった悪いことなんて、そのとき生まれてさえいなかったオレには関係ない。謝罪しろの反省しろの、まったくわけがわからん」と思っても、いっても、国を代表しているつもりの人たち（高橋哲哉・源一郎の双方がそうなのかどうかはわかりません）に非難されるいわれはありません。憲法には「国民は国家の過去の罪を背負うべし」なんて条項はないし、あってはならないと思いますので。

それくらいですから当然、日本政府が戦争被害者に十分な補償をしていないのが事実だとして、それを批判する自由と権利はあっても、批判しなければならない義務などはありません。国民としての義務について、憲法に書かれている以上のことは、だれからもなんだかんだいわれる筋合いはない程度にはエラいからこそ、主権者なのです。

結局こういう事柄は、高橋哲哉が「考えていない」という「日本語やいわゆる『日本文化』など、そういうものの共有によって定義可能だと考えられているような文化的な『日本人』」をもちださないかぎり話にならないのです。過去の人間とも、言語を中心とした文化を共有する、そういう意味で過去とは無縁ではありえない日本人。さらに、多少とも積極的・主体的にこの国の過去・現在・未来を担おうとする気がある日本人でなくて、どうして父祖の代の人が犯した罪過を自分のもののように感じられるでしょうか。

しかし、それを強くいえばナショナリズムになってしまいそうなので、高橋にはいえなかった。ナショナリズムの解体こそ、高橋が求めているものだからです。日本という国への帰属意識を価値の源泉、あるいは拠り所とみなすような言論はすべて認めない。そのために、日本はよい国だ、などと思われないように、かつて日本軍がした非道をできるだけ暴き立てるのだ、というなら話の筋は通ります。

けれど、それで説得されて、日本国民であることにうんざりした人たちが、その国が過去にした悪行を自分のことのように反省する、なんて期待できるものでしょうか。

「わたしはわたしの国の人質の人たちにこういいたいです――こんな恩知らずの国のことなんかもう放っておきなさい」と、高橋源一郎はいっています。この忠告を聞き入れた日本人は、イラク問題以上の切実さを日中・日韓問題に関して抱くことはできないでしょう。あとは個人的に、イラク人を救うボランティア活動に従事する人がいるように、アジアの戦争被害者の救援活動をする人はいるでしょう。ただし、やるやらないはもちろんのこと、それに賛成してもしなくても、もちろん個人の自由、でおしまいです。

情にからめれば流される

ナショナリズムにつながりそうなものには価値を置かず、しかし、現代日本人の「責任」は問いたい人がもちだす説得手段は、結局、次の二つしかありません。

一つは、日本が戦争中の加害事実を反省しないなら、アジアの孤児になってしまうぞ、という政治的な脅し。もう一つは、そんな態度ではアジアの戦争犠牲者をますます悲しませ、苦しませることになるのだぞ、という道徳的な脅しです。どちらも脅しですから、人間をほんとうに心から動かすことなどできません。

前者についていえば、これで最大限期待できるのは、「そうか、アジアの孤児はまずいな。ではとりあえず、反省したといっておこう」というカッコつけだけです。多くの政治家の謝罪や反省とやらはこの類でしょう。それで満足なのだという人は、ここで問題にする必要はありません。

後者の情に直接からめる方法は、理はいったん棚に置くことになりますので、どの方向へ向けられるかによってたいへんな違いになってきます。

「アジアの戦争被害者に謝罪せよ」派が蛇蝎（だかつ）のように嫌う小林よしのりを、私もまた最近あまり高く評価しないのですが、しかし彼が、兵士となった父祖の代の人たちへの情から、いくつか心に残る作品を残している事実は、単純に無視していいことではないでしょう。

小林の祖父が召集された南方で、俳優の加東大介などとともに演芸会で素人芝居をした、そのときの小道具の、紙でつくった雪を見ただけで、北国生まれの兵隊たちは涙を流す（『新ゴーマニズム宣言 3』第34章「南の島に雪が降る」）。これは、加東の同名原作によるものだとはいえ、「新ゴー宣」中、屈指の名作です。そこで小林は、「（わしは）悪人と言われても祖父たちを守る」と宣言しています。人情だけの世界なら、こういう人も当然出てきます。

それではまずいということで、あらためて理非を棚から下ろそうとするとどうなるか。日本が起こした戦争の犠牲になった他国の人たちと、赤紙一枚で故郷を遠く離れた戦地に駆り出されて、平和な時代に生まれ育った私たちには想像もつかないような辛酸をなめた日本人と、どちらにより情をもつのが正しいのか、なんぞといえば、その発問自体の犯罪的な呑気さかげんは、ふつうの感覚の持ち主には理解されるのではないでしょうか。

日本人は、たとえ下級兵士であっても、ともかく侵略戦争に加担したのだから、情に値しない、などといってすましてしまう人が、見も知らぬ異国の人にどういう情がもてるのか、私には想像もつきません。

「加害者」「英霊」として過去に決着をつけるウソ

日本の兵士たちに関しては、高橋哲哉は次のようにいうのみです。「侵略者である自国の死者への責任とは、（中略）彼らとともにまた彼らに代わって、被侵略者への償いを、つまり謝罪や補償を実行することでなければなるまい」（「汚辱の記憶をめぐって」、傍点原著）。

これはまた犯罪的な呑気さの一例ではないでしょうか。いったいどうして高橋や私が、戦死者たちの「代わり」になんぞなれるのか。同じ日本人だから（って、ナショナリズムと無関係なところでいえるの）？　それによって彼らを罪から救済する、と？　そうすることが、私たちの彼らに対する責任だと？

どの死者がそのような「声」を上げたのでしょう。すべては、現在の高橋たちの考えや都合から出たものではないですか。要するに、自分が善人になりたい、そのために祖父や父の代の人びとの悪行を暴き立てているだけではないですか。

高橋は、たとえば『きけ わだつみのこえ』もまた他者からの声だとして、なにも日本人だからという理由で無視してもいいのだ、とはいっていないようなポーズは示しています。けれど、この本の一九九五年に出た岩波文庫の決定版を見ると、以前の版からは削除されていた（隠されていた、といってもいいですね）、「大日本帝国の栄光のために喜んで死ぬ」といった学徒兵たちの思いが、予想以上に多いことがわかります。それに高橋はどのような応答をしたのか。実際のところ、そんな必要性さえ微塵（みじん）も感じていないでしょう。

それと同時に、こちらのほうが大事だと思うのですが、彼らと平和な時代に生まれて育ったわれわれとの深い断絶が、つまりは彼らの他者性が考慮されることもまた、ありません。日本人兵士たちはただただ断罪されるべき存在と考えられている。逆にいうと、われわれはそんなことができる存在だということになっている。そうしなければアジアの死者たちへの責任を十分に果たしたことにはならないらしい。そういうところで立ち上がる「他者」とはいったいなんなのでしょう。

私は、兵士となった日本の一般国民もまた、日本軍指導部や支配層の犠牲者であった、などといいたいわけではありません。たしかに、そういう一面もあることは事実であるにせよ、です（どうでもいいですが、これが中国政府のあの戦争に関する公式見解なのだそうですね）。私が嫌悪感を覚えるのは、「支配層」と「一般国民」、「加害者」と「被害者」という具合に人間全体を簡単に二大別してしまえるとする、そうやって過去に決着をつけるのだ、とする思考法そのものにあります。

小林が描いた、紙の雪に涙する兵士たちは、戦地で強奪や虐殺をやったかもしれない。逆に、地元住民ゲリラによって虐殺されたかもしれない。もちろんそれよりずっと多くが、食糧や医薬品の極度の窮乏状態のなかで苦しみ死んでいったことでしょう。すべてを通して現れているのは、戦争というもっとも過酷な現実のなかで、もっとも仮借ないかたちで現れてしまう人間の不条理さです。一筋縄ではいかないのが当たり前なのであって、それをなんとしても一筋縄でからめとってしまおうとするから、無理が生じるのです。

ですから私はまた、小林よしのりもその一人である、彼らを英霊として祀ろうという人びとが完全に正しいとも思いません。それは国家にとって必要なことで、私は国家の存続を肯定していますから、こういうことに反対はしませんけれど。日本人戦没者の生と死が、英霊と呼ばれることによって完全にすくいとられるものでないことは、加害者と呼ばれる場合と同じことです。

結局、国家悪を自分の悪として、その贖罪に全力を傾け、それでもって完全な善人になろうとするのも、たとえ悪人になっても国のために尽くした人びとの体面を守ろうとするのも、どちらもカッコよすぎて、ウソを含まないわけにはいかないのです。われわれには過去を変える力はありません。過去に完全に決着をつけ、まったく罪も穢れもない人間に生まれ変わるなど、できない相談です。それ以前に、ひどく子どもっぽい願望です。

戦争で不当な被害にあった人の補償は、あくまで正当な（ふつうは法の）範囲で、できるだけきちんとなされるべきではあります。その範囲内なら決着がつくことはあっても、決して取り返しがつかない過去はずっと残り、だからこそそれは、われわれの現在をたえず問いつづけるための縁(よすが)になるのです。

別の面からいいます。死者をどうとらえるか、大規模に問われるときには、必ずいま現にある人びとの都合から出てきます。それ自体は悪いことではありません。国際法違反の加害事実を取り上げて償いを求めるのも、日本国のためと信じて散った青年の純情に涙するのもいい。そうすることによって心が癒される、(現在の)人びともきっといるのでしょうし。

ただそれを、「日本人ならすべてそう思うべきだ」なんぞとむやみに範囲を拡大すべきではありません。そうなったとたんに、正当な要求も真摯(しんし)な哀悼(あいとう)も、抑圧のイデオロギーへと変わるのです。

父親に押しつけられた永遠の子ども

まだ先があります。抑圧のイデオロギーで何が悪い？　と反問される可能性があります。制度はすべて抑圧的なものではないか、と。

話はここで、前述の柄谷行人の「憲法は押しつけられたものだからこそいいのだ」にもどります。前記『批評空間』の座談会では、加藤典洋の憲法観に対する直接の批判として、柄谷と浅田彰、それに高橋哲哉は次のようにいっています。

柄谷（前略）それから、フロイトは共同体にも超自我がありうると言っている。日本とかドイツみたいに、徹底的に破壊衝動を満たしたところは（笑）、それが内向するのはあたりまえです。また、そのために、日本国家が主体として分裂しているとしても、それは少しも悪くない。「普通の国家」のようになる必要はない。他の「普通の国家」こそ超自我に規制されるべきなんですから。（後略）

浅田　いずれにせよ、法が最初に与えられるときには常に多かれ少なかれ理不尽な超自我の命令として暴力的に与えられるわけですね。高橋さんがおっしゃったのは、それは、日本の戦後の憲法だけの問題ではなくて、一般的な問題だということでしょう。

高橋　そう、いかなる法も押しつけの部分を含んでいる。国際人道法でさえ、反対派にとってはすべて押しつけですよ。そのことにたえず注意を払いつつ、一方で完全な無法状態は最悪の暴力を解放しかねないわけだから、法を通して暴力のエコノミーを図りたい。

「暴力のエコノミー」というのが、法を押しつける暴力と、押しつけられて押さえつけられる暴力のバランスのことだとすれば、至極当然のこととして私も認めます。ただここでより重要なことは、押しつける側の暴力にどれほどの正当性が認められるか、ではないでしょうか。日本は不戦主義を押しつけられた、それはよいことだ、として、押しつけた側のアメリカの正当性は問わない。それでいいのですか？

だとすると、考えてみてください。世界のどこかに、明白に人権を抑圧し、また近隣諸国に侵略の脅威を与えている国があったとします（あったとします、じゃなくて、ありますわな）。日本がそういう国を武力で征服して、九条と同じような平和条項をつくらせる、それはいいことなんですか？　いけないとしたらその根拠は？　もう九条をもってしまっているからですか？　この規定のために、そういういいことができないとは、残念なことではありませんか？

こういう仮定は妄想か、つまらない冗談としか思われないでしょうね。くりかえしますが、九条は無謀で大義のない侵略戦争をやった日本に罰として与えられたものです。普遍的な理想なのは見せかけだけであって、本来、日本にしかかかわらない、非常にローカルなものです。この「理想」を支えるものとして、高橋哲哉ほか多くの人が、日本の過去の罪責をさかんにいい立てるのも、そう思えばよくわかります。

ならば罪深く、恥多き国である日本は、他国のことまで積極的に口を出す資格なんて最初からないのです。これが戦後、われわれにもっとも深く浸透している心理です。

ですから、憲法九条に示されている理想を、世界に宣揚しよう、なんて柄でもないんです。上位者（父）であるアメリカから与えられた罰であり規範であるものを、しかたなしにではなく、自分が悪い子であったことを承認して心から受け入れる。

アメリカそのものが超越者になればそれでもよかったかもしれませんが、残念なことに彼も現実の、生臭い渡世をしている国家です。多くの大人の例に漏れず、子どもに押しつけた規範を自分はいっこうに守ろうとしません。それを目の当たりにしても、子どもっぽい反発だけはするものの、押しつけられたものには縛られつづける。いじらしい優等生にして永遠の子ども、これが戦後日本の役割なのですから。

無責任であることの利点と無力感

ここで柄谷たちにつきあって、フロイトのおとぎ話を思い出しておきましょうか。ドイツはどうか知りませんけど、日本は「徹底的に破壊衝動を満たした」とはいえないのではないでしょうか。父殺しには明らかに失敗していますから。

父を殺して、その肉を食べる、これは禁止を与える邪魔者を取り除こうとするのと同時に、父になりかわってその地位に就きたい動機から出たものだった、というようなことをフロイトはいっています。しかしこの結果、収拾のつかない大混乱に陥ったために、息子たちは悔恨を感じ、法を定めた、とか（「トーテムとタブー」）。このような過程で、生身の父は超自我となり、規範は内面化される、ということらしいです。

では、悔恨が道徳性の根拠で、よく過去を反省する人ほど善人なのかといえば、そうでもないようですね。それがいちばん強烈な者は道徳的マゾヒストであって、罰せられること自体に喜びを感じるために、かえってさまざまなかたちで罪をくりかえすともいわれます（「ドストエフスキーと父殺し」）。まあ、これには深入りするつもりはありません。こういうたとえをもちだすと、けっこう好きなように、いろんなことがいえるもんだとわかればいいのです。

結局われわれは、武力行使の点で決して父にはならない道を選んだ、これが比喩としていちばん腑に落ちます。そして肝心なのは、子としての立場にとどまっているのは心地よいことだということです。押しつけられた利点をいうなら、これを見なくては公平とはいえません。

子どもは無責任でもいいのです。われわれは、平和主義についても、究極的には責任を感じてはいません。現実にこれが成り立つためには何が必要かなんて、知ったことではないのです。いいんじゃない、アメリカに守らせとけば。もともと日本はこの点で何かを決めるなんてできなかったんだから、てなもんです。

このように、われわれの二重の恥に応じて、無力感も二重になっています。まず戦争について完全に無力となり、その無力になった事情についてもまた無力です。ある意味、完璧です。なるほど、こんな国が二度と戦争を起こせるわけがない。しかし同時に、世界平和に関しても、完璧に無力なのです。平和主義もなにも、そもそも主義といえるほどのものをもてる道理がありません。

もし「回心」をめざすなら

以上で、だいたい私のいいたいことはわかっていただけたかと思いますが、あとほんのすこし補足します。

今後、日本が国際平和のために実際にできることは、ごく少ないでしょう。それでも、そのごく少ないできることは誠実に希求する、それ以外、日本が、平和主義であれなんであれ、外に向かって原理と呼べるようなものを身につける方法はないのではないでしょうか。

つまりは、過去の失敗への反省だけをベースにしていたら、いつまでたっても、なんらかの原理をほんとうに自分のものとする「回心」は訪れないのではないでしょうか。

今後われわれが「回心」をめざすとしたら、最小限の武力の使用を視野の外に置くことはできないと思います。政情が完全に落ち着かない国の復興支援にあたるとき、安全な場所にだけ自衛隊をいかせるだの、その自衛隊の保護は他国の軍隊にまかせるだので、いったい何が示せるのでしょう？　言い訳に言い訳を重ねているだけではありませんか。

もう率直に認めるべきです。独立後の日本が、実際問題としてもまた理念としても、軍事力を否定したことはただの一度もありません。ただ日本が直接、軍事力を行使することだけはなんとか免れてきただけです。また、浅田や高橋の言葉を待つまでもなく、法を押しつける暴力の存在は認めています。口先ではなんといおうと、われわれの平和主義はこのように、暴力とともに現にあるのです。

しかし、ひとたび国外での暴力＝軍事力の行使を公に認めてしまったら、それを「最小限」に押しとどめておくのは極度に困難で、結局は全面的な戦争までいってしまうのではないか、という心配も、根拠のないものではありません。暴力にはエスカレートしていく性質がたしかにあります。

われわれはこのことも十分に考慮して、軍事力を使っていくしかないでしょう。暴力が野放し状態になったのでは社会の完全な崩壊にいたるから、国家およびそれに準ずる機関にだけその行使を公に認め、次にその結果、国内では最強になる軍が暴走しないように、あらゆる智恵と勇気を結集して監視する。

大ざっぱには、これがホッブズがまとめた、民主主義国家が歩むべき道筋でしょう。日本もまた、リヴァイアサンを飼い馴らすという、困難な仕事に取り組んでいくしかないのではないでしょうか。

それは私の考えで、ほかにもっと生き方はあるのかもしれません。いずれにせよ、このように悩んだ果てにしか、ほかにも宣揚すべき、国家の原理など立てられるわけはない。それだけは確かです。

注としてのコラム

PKOと日本の武器使用原則

4

半世紀以上にわたるPKO活動は、さまざまな変遷を経てきたが、一九五八年にハマーショルド元国連事務総長が、「UNEF設置及び活動に基づく経験の研究摘要」中で示した基本原則は、その後もいちおう規範と考えられているらしい（UNEFとは、スエズ危機に対処した国連緊急隊のこと）。

その諸原則は、『衆憲資第九号　国連平和維持活動について』（http://www.shugiin.go.jp/itdb_kenpou.nsf/html/kenpou/shukenshi009.pdf/$File/shukenshi009.pdf#search='PKO'）では、「同意原則」「公平・中立原則」「自衛目的に限った武器使用原則」の三つにまとめられている。この文書は、平成十四年二月、衆議院憲法調査会事務局と表紙にあって、「衆議院憲法調査会国際社会における日本のあり方に関する小委員会」の便宜に供するためにつくられたものだそうだ。たぶん、国際平和協力法（以下、PKO法と略記）をつくったのと同じ個人もしくはグループが作成に関与していると推察される。

PKO法案が上程されたときに示された五つの原則、いわゆる「PKO参加五原則」をあげると、

①紛争当事者の間で停戦合意が成立していること。

②当該平和維持隊が活動する地域の属する国

を含む紛争当事者が当該平和維持隊の活動および当該平和維持隊へのわが国の参加に同意していること。

③当該平和維持隊が特定の紛争当事者に偏ることなく、中立的立場を厳守すること。

④上記の基本方針のいずれかが満たされない状況が生じた場合には、わが国から参加した部隊は、撤収することができること。

⑤武器の使用は、要員の生命などの防護のために必要な最小限のものにかぎられること。

このうち①と②は同意原則、③は公平原則、⑤は自衛目的にかぎった武器使用原則からきているのはすぐにわかる。

つねに問題になってきたのは、当然、⑤に関する部分である。この法律の前身である国連平和協力法案では、協力隊員は、自衛官であっても、上官の命令一下、集団で戦闘するというような典型的な軍隊としての行動はとれないことになっていて、ＰＫＯ法も当初これを踏襲（とうしゅう）していた。この法律に「上官」が登場するのは平成十年の改正時である。すなわち、第二四条（武器の使用）に、次の二項がつけくわえられた。

４（前略）小型武器又は武器の使用は、当該現場に上官が在るときは、その命令によらなければならない。ただし、生命又は身体に対する侵害又は危難が切迫し、その命令を受けるいとまがないときは、この限りでない。

５（前略）当該現場に在る上官は、統制を欠いた小型武器又は武器の使用によりかえって生命若しくは身体に対する危険又は事態の混乱を招くこととなることを未然に防止し、当該小型武器又は武器の使用がこれらの規定及び次項の規定に従いその目的の範囲内において適正に行われることを確保する見地から必要な命令をするものとする。

5によって、上官はどのような見地から命令すべきか定められていて、ここから逸脱した場合には罰せられることが予想される。ちなみにここでいわれている「次項」とは、国連協力法案のときからある次の規定である。

「6（前略）小型武器又は武器の使用に際しては、刑法（明治四十年法律第四五号）第三六条又は第三七条の規定に該当する場合を除いては、人に危害を与えてはならない」

つまり、正当防衛と緊急避難が適応される場合以外で人を殺傷したら、刑事罰が与えられるようなのである。上官の攻撃命令も当然、この範囲を超えるものであってはならない。

このあと二〇〇一年の改正では、それまで「自己又は自己と共に現場に所在する他の隊員の生命又は身体を防衛するためやむを得ない」場合のみ認められていた武器使用が、「自己又は自己と共に現場に所在する他の隊員若しくはその職務を行うに伴い自己の管理の下に入った者」にまで拡大された。ほかのPKO要員や、難民の保護までできるようになったということだろう。

ちなみに、PKO時の「自衛」の定義として、『国連平和維持活動について』は、「①自己、他の国連要員又はそれらの保護下にある者若しくは地域を防護すること、②部隊の任務遂行に対する実力を伴う妨害を排除すること」としている。この①中の「それらの保護下にある者」が、まずテロ特措法（正式名称はあまりにも長いので略。二〇〇一年十二月二日交付）に取り入れられ、次に

ＰＫＯ法にも入ったのである。

この場合でももちろん、６の規定は残るから、「自己の管理の下に入った者」も、あくまでやむをえない場合にかぎり、しかも「これによって生じた害が避けようとした害の程度を超えなかった場合に限り」（刑法第三七条）、武力で守れることになるようだ。

この条文は次のように解釈されている。一人の人間の命を守るために、ほかに手段がなければ、一人を殺すことは許される。が、二人以上殺したら罪になってしまう。

実際に戦闘となれば、そんなことといっていられない可能性は高い。その場合は刑事罰を覚悟してやらなければならない。それが軍隊というものだ。といって、自衛隊は軍隊ではなかったか……。

ＰＫＯは戦争をするのではなく、戦争をやめさせるのが目的なのだから、通常の軍事よりきびしい縛りがあっても当然で、どの国にも、大なり小なり、それは存在するだろう。しかし日本の場合、自衛隊は軍隊ではないといいつづけるための、他国には理解できない配慮が働くのではないかと思えてしまう。だとすれば、そういうのは結局だれの得にもならないのではなかろうか。

第5章 正義をめぐる螺旋階段をもうひとめぐり

古だぬきの正義批判

私は内田樹という人がわりあいと好きで、その著書『ためらいの倫理学』は、この本の、特に前章を書くための参考にさせていただきました。ありがとうございます。

しかし、同書の冒頭にある二つの短文、「古だぬきは戦争について語らない」と「アメリカという病」にはじゃっかん違和感があります。

これは、二〇〇四年十二月に亡くなったスーザン・ソンタグを批判したものです。題材になっているのは、「未来に向けて 往復書簡」の総タイトルで『朝日新聞』夕刊に断続的に掲載された(一九九八年五月〜二〇〇二年十月)大江健三郎と外国の知識人・作家との手紙形式のやりとりのうち、ソンタグとのぶんです(一九九九年六月〜九月。なお、この往復書簡は加筆訂正を経て『大江健三郎往復書簡 暴力に逆らって書く』にまとめられ、またソンタグとの書簡は『この時代に想うテロへの眼差し』に収録されています。引用は後者からです)。

私の違和感はソンタグにもあります。私はここで対立する両者に、共感と異論を、同時に強く感じました。こういう経験はめったにないことです。ちなみに、ソンタグが直接相手にしている大江健三郎の文章については、「まあいつもどおりだよね」以外には何も感じませんでした。

それで、ソンタグは内田に反論しているわけではないですが（たぶん、彼の文章を知らなかったでしょう）、ディベートに見立てて、勝手にジャッジをやるようなかたちで、自分の感想をまとめましょう。判断基準は私の感じ方のみですから、なんの権威もありません、って断るまでもありませんね。

内田は、ソンタグはとても「アメリカ的」だ、といいます。自分の正義をすこしも疑わないところがそうだ、と。知識人は戦争のような重大問題にはシニカルな態度で臨むべきではなく、決然とした立場をとることを彼女は求めます。それで彼女自身は、自由主義的な知識人にしてはめずらしく、ＮＡＴＯによるユーゴ空爆を決然と支持したのです。以前、ヴェトナム戦争のときにはアメリカ政府を批判したソンタグですが、それをも含めて、彼女のこのような態度は、民主主義の理想とやらを信じて各国に軍事介入するアメリカのそれと同じではないか、と内田は考えるのです。

私は戦争について語りたくないし、何らかの「立場」もとりたくない。もちろん現場になんか頼まれたって行きたくないし、「戦闘にくみする」ことなんかまっぴらごめんである。

そんな人間は戦争について論じる資格がない、とソンタグとその同類たちが言うから、私は黙っているのである。黙るもなにも、そもそも私には何も言うことがない。戦争のことは、私には「よく分からない」からだ。私はただ戦争が嫌いで、戦争が怖いだけである。

あるいは私のこのような戦争にたいする腰の引け方は、日本政府の腰の引け方と「同型的」なものなのかもしれない。しかし、第二次世界大戦の実情に徴する限り、「現場へ乗り込んで、きっぱりした態度をとる」ことをよしとする国と、「現場にゆかずに、ぐずぐずしている」ことをよしとする国のどちらが多くの破壊をもたらしたかは誰の目にも明らかだろう。

その前提として内田は、戦争に関して超越的に善悪を判断できる人などいない、とする「立場」を明らかにしています。「泥棒にも三分の理。ましてや戦争だ。ミロシェビッチにだってNATOにだってコソボ解放軍にだってギリシアにだって、それぞれ言い分はあるだろう」。ジェノサイドのような大規模な蛮行は、この事実を認めず、自分が完全に正しく、し

PHP SHINSHO

PHP
新書

PHP研究所

学ぶ心

学ぶ心さえあれば、万物すべてこれわが師である。
語らぬ石、流れる雲、つまりはこの広い宇宙、
この人間の長い歴史、
どんなに小さいことにでも、
どんなに古いことにでも、
宇宙の摂理、自然の理法がひそかに
脈づいているのである。
そしてまた、人間の尊い知恵と体験が
にじんでいるのである。これらのすべてに学びたい。

松下幸之助

たがって相手（敵）が完全にまちがっていると信じる人びとが起こすのだ、と。

立場をとらないのはどんな立場か

だいたい賛成です。しかしそれならついでに、「もちろん大東亜戦争時の日本にも言い分はあった」と認めてくれないのかなあ、と思います。

言い分はまちがいだったたし、日本は愚かだったかもしれない、それにしても、アメリカやソ連や中国と同じ程度に愚かだったにすぎない、とは彼はいいません。そうしたら、ある人びとに対しては「決然と」ではなくても、ある立場をとったのと同様とみなされてしまいますから。たぶん内田もそれはわかっているのでしょう。だから老獪に口をつぐむ。「古だぬき」を自称するだけのことはあります。

つまり、「戦争なんかする奴はどっちもバカなんじゃないですか」などといってすましていられるのは、当事者ではないときだけなのです。内田は、だからこそオレは現場になんかいかない、絶対、当事者になんかならないんだ、というでしょう。しかし、好んで戦争をする奴はバカなんだ、ですみますが、たまたま住んでいた場所で戦争が起きてしまって、否応なく巻き込まれた人びとをどう考えるのか。

たぶん内田は、そのような問いかけこそ、戦争を起こしたり、大きくしたりするもので、危険なのだと感じているかもしれません。一理、いや十理以上あると思います。

ただし、世界中の人がそう思ったら、自分のせいとはいえないのに、住む場所を追われたり、殺されたりすることから逃れられない人がいる、この事実は残ります。一九九九年のサラエヴォはそういう状態でした。それ以外にも、東ティモールやソマリアやアンゴラなどで、べつにだれとも戦う気などなかった一般人が組織的に殺されていく例は、ざらに見られたのです。

そのような迫害から逃れるための難民キャンプが武装集団（正規軍・いわゆる民兵・れっきとした犯罪者集団を含む）に襲撃される例も多数あります。もちろん国家はもう機能していない状態なのですから、「現場へ乗り込んで、きっぱりした態度をとる」他国がなかったら、彼らは救われようがありません。そんな結果を招く平和主義なら、あまりいいものだとは思えなくなるでしょう。

すぐに誤解されそうなのでしつこくくりかえしますが、私はだれかを道徳的に非難したいわけではありません。そんなこと、できるはずもない。しかし、「現場にゆかずに、ぐずぐずしている」からいいんだ、なんて威張ることもないじゃないか、とは思います。「現場へ乗り込んで、きっぱりした態度をとる」ことを選択した国は、破壊を終わらせるためではあっても、やっぱり破壊する。だれかを傷つける。当たり前のことではありませんか。それで助かる人もいるなら、あながちに悪いことだといえますか？

ソンタグは一九八六年の、ヴェトナムによるカンボジア侵攻の例を出しています。クメール・ルージュによる、二〇〇万人にもおよぶ粛清はこれによって終わった。ヴェトナムはコソボ紛争のときのＮＡＴＯとは違って、人道上の目的など掲げなかった。あるいはこれは侵略戦争だったかもしれない。けれど、カンボジア国内のこれ以上の殺戮をとめるのに、これ以上に有効な手段がなかったとしたら、「私たちは果たして正直に――人間として、と言ってもかまいません――ヴェトナムのカンボジア侵攻はないほうが良かった、と言えるでしょうか」（傍点原文のまま）。

わが国が直接かかわったことに置き換えると、大東亜戦争で日本が暴れてくれたおかげで、西欧列強の支配から解放されたアジアの国々は現にあるのでしょう。だから日本にも正しいところはあった、というのは、謙譲（けんじょう）の美徳からして、あまり大きな声ではいいたくないのですが。

逆に、アメリカが日本を攻撃してくれたおかげで助かった中国人や韓国人もいるでしょう。

一方でアメリカは、原爆投下や空襲で日本の民間人を何十万人も殺していますから、かの国が完全に正しかったとはいえませんが、完全にまちがっていたともいえない。

それとも、韓国人はともかく、中国人は日本を相手に戦争をしたんだからバカなんであり、助ける必要なんてなかった、とまでいうのでしょうか？　そこまでいうなら、たいしたもんだなあ、と私は、賛成はしないまま感服はするかもしれないのですけど。

良心はいろいろな場所に人を連れていく

それから、スーザン・ソンタグは、べつに自分が絶対に正しい、といっているわけではありません。なるほど、「自分がそれまで知らなかったり、この目で見たことがなかったりする事柄については、けっしてどんな立場もとってはならない」という自戒が自戒でとどまらず、「それが（戦争を実際に見たり体験したりしたことはないのが）みえみえのアメリカやヨーロッパの知識人たちが尊大にもあの戦争について語るのを目にして、怒りを禁じえません」などと、他人を批判するのにも使われるのを見ると、この体験第一主義は尊大だし、危険でもある、とは思えてきます。

あらかじめ、この場合はまず往復書簡の相手である大江健三郎の批判を、あなたは旧ユーゴスラビアでの戦争を直接見ていないだろう、ということで、禁じてしまう結果になることも、フェアとは思えません。こういう点で彼女は、正義の使徒というより、知識人の役割ということに関して、生真面目すぎて事大主義的になっているのでしょう。

それでも、ＮＡＴＯの空爆に自国が加わることに賛成したドイツ緑の党のヨシュカ・フィッシャー（のちに外相）を称え、自分自身もまたこの空爆を支持するというとき、ソンタグになんの迷いもなかった、とは思えません。「『理想主義』のまぎれもない魅力にあらがって『現実主義』の薄汚れた主張を弁護しているわけではありません」というのですから、彼女もまた、きれいごとをいうことを本務のように感じる知識人の一人であることは明らかです。

そういうソンタグが、サラエヴォにいて、ボスニアのこの街がセルビア人に包囲され、毎日何十人も殺されているのを間近で見聞きした。これをいうのは一種の特権意識（私だけがちゃんと見て知っているから、ちゃんと語ることができる）の現れではないか、とまで考えたらこっちの僻（ひが）みになるかもしれないので、問いません。

ともかく、スーザン・ソンタグは「その場」にいた。国連の調停は失敗したし、コソボ民主同盟などの非暴力的な運動も容易に成果が上がらない、という現実もありました。それで、いま、この場の状況を変える手段は何か、を考えると、次の結論に到達せざるをえなかったのです。

そうです。あまりにも多くの残虐行為を承認してきた、バルカンの戦争実行者、独裁者の動きを封じ、できれば倒す試みをするという、あの遅すぎた決定を私は支持しました。NATOがいかに戦争を遂行したか。自分たちの側の軍隊をリスクにさらさないで死傷者や損害を制限し、地上の民間の損害を最大限引き起こす、そのやり方を当時もいまも私は支持していません。また今回のNATOの作戦（「成功」とはほど遠いものでした）が、ヨーロッパ諸国の軍事予算拡大を望む連中を刺激し、その目論見を促進させる確率が大きいことも、嘆かわしいと感じています。

ここで私自身の立場をできる限り明らかにしようと思います。なかには正義の戦争だとみなしうる戦争も、きわめて少数ではあれ、たしかにあります。戦争という手段をとらなければ、武力による侵略をやめさせる道がないという場合に限って。

しかし、それでも、戦争は犯罪です。（下略）

戦争をめぐるこのような曲がりくねった考察は、知識人の「良心」の証でしょうか。そうだとしても、それ自体にたいした価値があるとは私には思えません。肝心なのは、一人の知識人が、でなくてもいい、一人の人間が、このような迷いの果てに、その「良心」に背馳（はいち）することになりかねない、一つの決断に到達したことでしょう。これからすると、決断しないことによって、なんの立場もとらないことによって、「良心」の保全を図るとしたら、こすっからいことのように思えてきます。

何もしないこともまた行為だ

ただしこれも、他人に押しつけてはならないでしょう。「何事かをしない、つまり無為。それもまた行為なのです」とソンタグはいいます。懐かしい響きですね。何も選ばないとすれば、その選ばないということを選んだことになるのだ、とかつてJ・P・サルトルがいってましたっけ。だから行動せよ、というアンガージュマン（社会参加）の呼びかけ（実際は、左翼や新左翼の反体制運動に参加しろ、という意味なのですが）は、私の若いころでもまだかなりたくさんあって、うんざりした覚えがあります。そういう点では、内田樹のほうに共感がもたれるのです。

私のいいようのほうがずっと曲がりくねっていますね。整理しましょう。内田が旧ユーゴ紛争に関してなんの立場もとらない、というのはごく自然なことです。私もそうだし、日本人はたいていそうでしょう。このとき日本は何かすることをどこからか求められたわけではありませんから。だいたい、バルカン半島の長い動乱の歴史について、私はよく知りませんし、日本人のなかで知識としてはよく知っている人でも、わがことのように真剣にこの問題を考えられる場合はごくまれでしょう。そういうことには口も手も出さないのは、まったく当然の話です。ソンタグだって、その程度は弁えていたでしょう。

しかし、では、自分のことについてはどうなのか。軍事に関して「腰が引けた」国であるにしても、われわれはこのところ、湾岸戦争に資金で協力し、各種ＰＫＯやイラクに自衛隊を派遣してもいます。いや、実際のところは、日米安保条約によってアメリカ軍を常駐させ、あまつさえ「思いやり予算」を計上して彼らに与えていた日本は、ずっと前から軍事的にアメリカに協力していたのです。これについて、十分に真剣に考えたでしょうか？

ここではソンタグはけっこう優しくて、大東亜戦争の悲惨を経験した日本人は、戦争参加には特別の困難を覚えるかもしれない、「その気持ちは痛いほどわかります」といってくれています。「コソヴォを前にしたドイツと同じ立場に日本は置かれることになるのですから」と。

そう、たぶん、コソボ紛争にＮＡＴＯ軍の一員として参加するまでに、ドイツの多くの人びとが真剣に考えたことでしょう。ソンタグが感銘を受けたというフィッシャーの緑の党は、平和主義を看板の一つとして掲げています。そのうえドイツには、ＮＡＴＯの領域外には兵力を出さないという不文律がありました。それが平和主義者の手によって破られた。非常に大きな転換です。

日本もそうでなければならない、などと単純にいうことはできません。だいたい、このときのＮＡＴＯ介入にしてからが、それを支持するソンタグからさえ「『成功』とはほど遠いものでした」といわれるようなものだったらしいですから。ＮＡＴＯが空爆しないほうが、被害者も少なくてすみ、旧ユーゴスラビア諸国にとってよい解決がもたらされた可能性もあるのでしょう。ここでも私はほとんど何も知らないままにこういってしまっていますが、一般に、兵事とは、それほどまでに危険で成果が期しがたい事業であることは確かだと思います。

だから戦争なんかにはいっさいかかわりたくない、というのは気持ちとしてはよくわかります。けれど湾岸戦争以後、日本は国として、だれの目にもわかるかたちで、その道を選ばなかった。とにかく戦争はイヤだからといって、アメリカや国連からの要請を断ることもまた、われわれがどういうつもりでいようと、一つの態度決定に見えますから。何もしないこともまた行為だ、というのはこの場合には正確にあてはまります。

これを避けようとして、日本は結果的に別の道を進んだ。それでいて、何も決定した覚えはない、というのでは、今度こそ無責任の誹り（そし）は免れないでしょう。

善意という名の最悪の危険

以上は前にいったことの、何度目かのくりかえしです。本書も終わりに近づきましたので、力と正義をめぐるはてしない螺旋（らせん）階段を、もうひとまわり降りてみましょう。

「古だぬき」の内田樹はどうやら気づいていて、「良心の人」であるスーザン・ソンタグは気づいていないことがあるように思います。それは人間の「善意」と「悪意」との区別の難しさです。

ソンタグは大江健三郎の『ヒロシマ・ノート』から「原爆をある人間たちの都市に投下する、という決心を他の都市の人間たちがおこなう、ということは、まさに異常だ」という一文を引き、次のようにかぶせます。「異論を唱えてもよろしいでしょうか。そこには悪意があるのです。残念ながら、異常なのではなく！」。

もう一つかぶせてもいいでしょうか。「残念ながら、そこには善意もあるのです」と。原爆投下は戦争の早期終結のためだった。このおかげで、アメリカの兵士も、日本人も、あれ以上の犠牲を出さずにすんだのだ。これが、いまも多くのアメリカ人の口から出る原爆の使用理由です。なんとすばらしくも凄まじい善意でしょうか！

これについては、バートン・バーンスタイン（「検証・原爆投下決定までの三〇〇日」、『中央公論』一九九五年二月）など、各種の異論があることは私も知っています。ほんとうの目的として有力な説は、①日本への怒り、②当時すでにアメリカにとって潜在的な脅威となっていたソ連に、強大な軍事力を見せつけるデモンストレーション、③原爆開発には莫大な費用がかかっていたので、その成果を具体的に示す必要があった、などのようです。いちおう説得力はありますが、当時のアメリカ政府と軍首脳部の心の奥底まで明らかにされる日は、決してこないでしょう。

そのうえでいうのですが、右のうち、①か②の理由、あるいは両方で原爆を使った場合には、彼らはそれは正義だと、少なくともそこからそんなに大きく逸脱していないと、思い込んでいたか、少なくとも自分自身に思い込ませようとしていたのではないでしょうか。日本なんてけしからん侵略国は徹底的にやっつけるのがよいことなんだし、戦後の国際社会ではソ連を押さえてアメリカが主導権を握るのが世界にとってもよいことだ、てな具合に。

③の理由にしたところで、大金をはたいてつくった武器が役に立つことを実地で示して、アメリカの威信を高めるのはいいことじゃないか、などと当事者は思い込むものです。そして、そのあまりにも悲惨な結果が明らかになったあとでは、右に述べた戦争の早期終結という口実をつくった。

たいていの人間はその程度には「良心的」なのであって、明確に悪意を意識して数十万人の命を奪ったりはなかなかできないらしいです。ヒットラーもスターリンもポルポトも、自分のやることは正義だと信じて、何百万人も殺したにちがいありません。正義なんてすべてインチキなんだ、とまではいいませんが、人間は完全ではないので、正義はいつも相対的にならざるをえません。

だからこそ人間は、自分に都合のいい理屈を考え出して、それこそ正義だと思い込むこともできるのです。思い込んで、その道をひた走るとき、邪魔者は排除するのもまた当然、正義です。これほど危険なことはありません。

「裁かず、罰せず、復讐せず」という強者の論理

この正義の呪縛から抜け出す道はないのでしょうか？

イギリスの劇作家ジョージ・バーナード・ショーは、戯曲「シーザーとクレオパトラ」で、この問題を追究しています。作中のジュリアス・シーザーは、政情不安なエジプトを、若き女王クレオパトラの地位を確立することで、ローマの属国にしようとしています。一方、エジプトの民衆に人気があるポティノスが、シーザーとクレオパトラの離間を謀る(はか)と、クレオパトラは怒りにまかせて、シーザーの意に反して、ポティノスを暗殺させます。以下はその後の問答です。

クレオパトラ　なら、シーザーの秘書その人に判断を求めよう。プリタナス、私は誤っていましたか。

プリタナス　もし反逆、裏切り、売国の行為が厳しく罰せられなければ、社会はさながら猛獣相撃つジャングルと化し、無法、混沌、争乱のうちに滅ぶ。誤っているのは女王ではない、シーザーです。

シーザー　判決は、私に不利ということらしいな。

クレオパトラ　このアレキサンドリア中に、もし私が誤っていたと考える者がかりに一人でもいたとしたら、誓っていう、私はこの宮殿の扉に磔にされてもいい。
シーザー　世界中に、今であれ、いつであれ、もしお前が誤っていたと信じる者が、かりに一人でもいるとすれば、その男は、このシーザー同様に世界を征服するか、さもなければ、十字架の上に磔となって命を終えるにちがいない。（群衆の声、またしても激しい喚声に高まる）聞こえるか、あの声。今この宮殿の扉を叩いているあの連中も、お前同様、復讐と殺人を信じる者らだ。お前は彼らの英雄を殺した。それなら、今度は、彼らがお前を殺そうとするのは当然だろう。次には、女王を殺害した廉で、正義の名において私は彼らを殺さざるをえず、そして今度は、その私が侵略者として、エジプトの民衆に殺されなければならぬだろう。だがその時ローマは、ローマ人の命と名誉にたいするこの冒瀆をそそぐために、私を殺した民衆を皆殺しにするにちがいない。かくして人類の歴史の終わるその時まで、殺人は殺人を呼んでついに尽きることなく、しかもその殺人のことごとくは、常に正義と、名誉と、平和の名において行われるのだ。（後略）

人類の歴史はまだ終わっていないわけですが、いままでのところ、このシーザーの予言は当たっているようです。

このシーザーのモットーは、簡潔に「裁かず、罰せず、復讐せず」だといわれます。「結局のところ、それ以外に方法はない」と。究極のところ、人は人を裁いたり、罰したりはできない。ゆえに復讐の企てなど、愚かだ。それができると、あるいはしなければならないと信じるからこそ、人の世に余計な争いと苦しみが入ってくる。バーナード・ショーは、実在のジュリアス・シーザーの事績の裏に、このような信念を読み取ったものらしいです。

こういいながら、しかしシーザーは、戦いについてすこしも腰が引けてはいません。なにしろ軍人なのですし。劇の最終幕で彼は、クレオパトラに敵対する勢力に担がれた、この女王の弟にして夫でもある（エジプトの王家のしきたりによってそうなったのです）少年プトレマイオス王を攻めて、溺れ死にさせる結果を招きます。

それに対する感想は記されていません。ただ、部下に「かりに飢えたライオンに出会ったとして、しかも、そのライオンがあなたを襲ってきたとして」どうするか、と聞かれ、裁きもしないし、いままでそのライオンに殺された人びとの復讐もしない、ただ、「殺す。ライオンがわたしを殺そうとするのと同様、なんの悪意も憎悪も抱かず、ただ、殺す」と答えさせています。

裁きや復讐は本来無効、正義の殺人などありはしない、しかし必要な殺人ならある、ということでしょうか。そうしなければ自分が殺されてしまう場合がその典型です。しかし、それは結局、自分が生き残ることを正義と考えていることになる、といわれるかもしれません。そういってもいいでしょう。ただし、そのために感情的になったり、自分の正当性を声高に主張するなんて有害無益だ、ということです。ライオンにはライオンなりの必要性があって襲ってくるのだろう。こっちはその必要性を認めて殺されてやるわけにはいかないなら、向こうを殺すしかなくなる。それだけで十分ではないか、と。

男らしくてカッコいいですね。でも、これにもやっぱり問題があります。向こうのほうが強ければ、殺されるのはこっちだということ。

そう、この流儀でやっていけるのは、非常に強い人だけなのです。その強さというのは、戦ってもたいてい勝てるという自信以上に、向こうのほうが強ければ、殺されるのはこっちであることは、どうにもしかたないこととして受け入れる覚悟のことです。ライオンと一対一で戦ったらすぐに食い殺されるに決まっていて、しかもそれには耐えられないと思う、たとえば私のような弱い人間は、だれかに守ってもらわなければなりません。

そのためには、私のほうが人食いライオンではないのだということを示すための、なんらかの正当性の根拠が必要だし、それを認めてもらうための手続きも必要になります。この段階でどうしても、法や裁きが必要になってくるのです。

かくしてこの世の中には、ぐじゃらぐじゃらと正義・正当性をめぐるさまざまな理屈が横行し、そうなればなるほど、自分に都合のいい理屈を見つけて、相手こそ人食いライオンなんだと信じる人は減りませんから、争いがやむこともありません。

そんななかで、自分を正当化する理屈などいらないし、自分に叛いた者を恨むこともない、として押し通せるだけの強者は、圧倒的多数の弱者を征服できないとすれば、いずれ彼らの妬みによって殺されてしまう。この点で、多くの政敵を寛大に許したあげく、その許された者たちの手で殺されたジュリアス・シーザーの運命が、彼よりのちの時代に生まれ、人間による復讐も裁きも禁じて、最後は十字架に磔にされた男のそれと重なります。

野蛮から脱するための曲がりくねった道

かくして、正義に拠ることも、拠らないことも、それ自体等しく難題であることはわかりました。正義が完全にいらなくなる日とは、争いが完全になくなる日でしょう。そんな日がくるものでしょうか？　また、それが完全に望ましいことでしょうか？　人間の創造性は攻撃性に密接に結びついているとしたら、この方向がいいともいいきれないように思います。

あまり遠い将来のことを考えるのは、単なる空想ですから、いつまでも耽っていないほうがいいと思います。たぶん、近い将来に戦争がなくなる日はこない。としたら、われわれにできることは、前にもいったとおり、戦争にともなう悪を――非戦闘員や、非戦闘員になった捕虜などへの被害を――できるだけ減らすように考えることでしょう。

つまり、戦争なら何をしてもいいのだという野蛮な思想をできるだけ減らす、戦争のルールづくりです。

イラク人捕虜を虐待したアメリカ人兵士が処罰されたのを、「戦争で何万人もイラク人を殺したアメリカが、いまさら何をやってるんだか」と冷笑する人もいましたが、これにはそういう意味があります。われわれがいま、悲惨をできるだけ減らそうとするなら、こんなことでも気にかけていくしかありません。

これだけでも、世界はおもしろくない方向へいってしまっているようです。第一次世界大戦の悲惨を見て、先進諸国はパリ不戦条約やジュネーブ捕虜条約などのルールづくりに取り組みましたが、にもかかわらず、第二次世界大戦では非戦闘員にも史上最大規模の被害を出してしまいました。さすがにこれに懲りて、もうあまり大規模な戦争はできないな、と思っていたら、最近は、規模は小さくてもまったくルール無用の、無差別テロが跋扈するようになってしまいました。

テロリストにも、彼らなりの正義はあります。現在のアメリカの世界支配は完全に正しくはないだろう、といわれれば、同意せざるをえません。それでいて、アメリカと正面から戦っても勝てないことが明らかなら、もうこれしかないではないか、とでもいうんでしょう。

それはあっても、テロは大掛かりな犯罪として取り締まるべきだ、と私も思います。そして、日本はそれにできるかぎり協力すべきだとも。それならもちろん、日本もテロの標的となって、私やあなたがその犠牲になるリスクは負うわけですが、それでもやるしかない。

どんな理由があろうと、男も女も大人も子どもも、アメリカ万歳と思っている人もアメリカくたばれと思っている人も、なんの区別もなく、その場にいた人を殺すのを悪と呼ばずして、どこに悪があるでしょう？

しかし、このためにアメリカがやったことは、アフガニスタンとイラクを攻めることでした。そこでも、テロリストではない一般民衆に被害が出たのだから、この「正規の戦争」とテロは結局どこが違う？　という理屈も当然いえます。

これらの国が民主化するのはよいことだとしても、この目的は手段を正当化するのか？　しいていえば、こちらの場合は被害の責任者は明らかなので、補償もできる、ということですが、ちゃんとなされているのかどうか。かりにされたとしても、人命が失われた場合にはもどってこないわけですし……。万人を納得させる答えは出そうにありません。

さらにまた、こういうこともあります。アメリカでもヨーロッパでも日本でも、豊かな国の若者は一般に軍人になどそんなになりたがりません。韓国でも、徴兵逃れはさかんで、これを請け負う闇業者もいるようですね。だけでなく、自国の若者が大量に死んだりすることには、われわれは耐えがたく感じるようにもなっています。

悪いことではありません、戦争が起きづらくなるだけでも。けれど、そういう国が、他国で戦争をするとどういうことになるか。

スーザン・ソンタグのいう、「自分たちの側の軍隊をリスクにさらさないで死傷者や損害を制限し、地上の民間の損害を最大限引き起こす」ＮＡＴＯのやり方とは、自軍の犠牲が大きくなる地上戦をできるだけ避けて、空爆をおもにするというものです。アメリカもほぼこのやり方を踏襲しています。それも、高射砲になどやられないように、できるだけ空の高いところから爆弾を落とすのです。結果、誤爆が多くなります。自国の兵士をできるだけ犠牲にすまいとするヒューマニズム（？）が、他国の無用な死を招くというわけです。

どっちを向いても矛盾だらけで、いまさらながらに兵は凶器で、いくさは難事であると思い知らされます。さらにやっかいなのは、「じゃあもうやめた」と放り出したところで、やっぱりそれはなくならないところです。

「人は人に対して必ず人食いライオンである」とまではいいきりませんが、「場合によっては、人は人に対して人食いライオンになりうる」のはどうやら事実である以上、われわれは、人食いライオンにやられない用心と、自分が人食いライオンにならない用心の、両方が必要でしょう。

いや、このような認識こそが人を人食いライオンにするのだ、といわれるかもしれません。それは一面の真実でしょう。しかしもう一面には、いくら羊の顔をしようと、ライオンの害から逃れられるわけではないという現実があるのですから、身を守るための暴力の必要性は否定できないのです。

そのうえで、世界から悲惨をできるだけ減らす、細く曲がりくねった危うい道を、われわれは一歩一歩進んでいかなくてはならないのでしょう。そんなことはしないですむほうがずっと楽で、私も大いに楽がしたいのですが、なにやら国際化時代なのだそうで。「自国のことにのみ専念して他国を無視してはならない」というところを、実際にやってみせなくてはならないみたいですから。

軍隊の真の専門性

以上の考察を踏まえた、日本への提言を最後にします。

私は、憲法を改正して、自衛隊を正式に国軍とすることを望む者です。そのうえで、規模は現在のままでいいのか、もっと縮小すべきか、もっと拡大すべきかはわかりません。そういうことは専門家の議論にまかせるしかないと思っています。

素人なりの注文は、やはり精神面にあります。だいたいは、第3章で紹介した保阪正康の考え方に近いです。次のことは、軍人教育のうえで徹底していただきたい。

軍人とは戦争のプロです。ならば、戦争にロマンを感じるのはよしてください。国威の発揚は、サッカーやオリンピックでやれば十分なのですから。たぶん戦争は、始まってみれば、特にわれわれ男性を夢中にさせる魔力があるものでしょう。だからこそ、われらの内に潜む女神ベローナ（ロジェ・カイヨワ『戦争論』）の誘惑に乗らないだけの精神の強さをもつ人びとが必要なのであり、それこそ軍人なのだと私は考えます。

具体的には、次のことは周知徹底するべきでしょう。**戦争は、なくてすむならそれに越したことはない。それでも不幸にして起きてしまったら、できるだけ早く終わらせること、こ**

れを考えるのが軍隊の本務です。終わりの見通しもつかない戦争を始めるくらいなら、それこそ軍隊なんていらないのです。

実際上はこれはしかし、非常に難しい注文でしょうね。危険を冒(おか)してすばらしい戦果を上げた軍人は、国家としては厚く遇せざるをえないですから。そうなると、軍人が栄達を望んだ場合には、自然に戦争を、それも非常に激しいものを望むようにもなります。そうならないための事前の教育なのですが、それだけではなく、軍隊を使う政府の役割がここで非常に大きくなってきます。

つまりはシビリアン・コントロールの徹底です。大東亜戦争からは、われわれはなにより、ついに軍の暴走を政府がとめられなかった事実を、痛恨の故知として学ぶべきでしょう。政府の不拡大方針に耳を貸さず、あまつさえ兵站(へいたん)（食糧・弾薬などを補給する後方部隊）の確保もおぼつかないのに、いたずらに戦線を拡大する軍隊なんて、この世でもっともろくでもない、危険な代物です。戦果の如何にかかわらず、きびしく罰すべきだったのです。

当時の政治家たちにそれができなかったのは、五・一五事件や二・二六事件で政府要人が多数暗殺されていたので、自分もその被害者になることを恐れて腰が引けてしまったせいもあるといわれます。それはまあ、だれしも死にたくはないですわな、というところを押してお願いしたいのですが、国家を代表する政治家と官僚のみなさん、どうぞ死んでください。軍隊をもつ以上、統制がとれなかったら国内最大の暴力団をもつことになるのですから、一般国民への被害を食いとめるためには、それだけ体を張る覚悟が必要なのです。

参考までに、日米開戦に反対の意思をもちながら、真珠湾奇襲攻撃の立案・実行者となった海軍提督・山本五十六の事績を、阿川弘之『山本五十六（下）』から引用しておきましょう。

「但し」

と山本は付け加えた。

「目下ワシントンで行われている日米交渉が成立した場合は、出動部隊に引揚げを命ずるから、その命令を受けた時は、たとい攻撃隊の母艦発進後であっても直ちに反転、帰航してもらいたい」

すると、先ず、機動部隊の司令長官南雲忠一が、

「出て行ってから帰ってくるんですか？　そりゃァ無理ですよ。士気にも関するし、そんなことは、実際問題としてとても出来ませんよ」

と反対し、二、三の指揮官のこれに同調する者があって、中にはそれではまるで、出かかった小便をとめるようなものだという意見も出た。

これに対し、山本は顔色をあらためて、

「百年兵を養うは、何のためだと思っているか。もしこの命令を受けて、帰って来られないと思う指揮官があるなら、只今から出動を禁止する。即刻辞表を出せ」

と言った。言葉を返す者は、一人もいなかったということである。

山本自身が軍人であるので、いまいちピタリとこないのですが、話の中身は明瞭ですね。平時であっても軍隊を保っているのは、このようなときに、内心いかに不満であろうと、黙って引き返す、それだけ命令には忠実である軍人教育を徹底するためだ、ということです。

国家の最重要課題

もっとも重要な認識は以下でしょう。ホッブズやロックが共通して認めていることですが、**国家は国民の安全を守ることを第一の本務とします**。税金を使って、国内最強の暴力装置をつくって保有するのも、そのためにこそ許されるのです。

ですから国は、死刑はいちおう別として、それ以外には、兵士を含めた国民に「国のために死ね」とはいえないのです。いってしまって、いわれたほうがいったんは納得したとしても、国民の側はいつでも任意にその約束を取り消せます。これは近代国家の、もっとも踏み外してはならない原則です。

しかしそれでは、死の危険が非常に高い戦場になど兵士を送り込めないではないか、となりそうなところがちょっと難しいですね。

私としては、「生還は期しがたいが、なんとかやってくれ」と、「必ず死ね（死自体が目的となる）」ではやはり決定的に大きな違いがあると思います。そして、前者のようなことは国としては、ときには必要です。

直接、戦争でないことからいいますと、九・一一テロのとき、倒壊しかかったビル内の人を救出しようとして命を落とした、ニューヨークの警官や消防士の方々を想起してください。あるいは、幸いにしてけが人は出なかったようですが、新潟地震の際に、かなり危険な場所で救出作業にあたった自衛隊の人びとを。

あまりにも状況が悪化して、二次災害の恐れが強い場合には、救出作業も中止されるのがふつうだし、それは当然でもありますが、それでもなお、死の危険を間近に感じつつ他人を守ることを仕事にする人がいればこそ成り立つのが国家なのです。だって、そういう人がぜんぜんいなくて、いざというとき、可能なかぎりわれわれの命を助けるべく努力してくれないとしたら、そんな国にどうして愛国心がもてるのです？　最低でも、喜んで税金を納める気はなくなるでしょう。

それですから国は、こういう作業に従事する人びとには最大限の栄誉と手当てを与え（最悪の不幸の場合には、遺族の生活はきちんと保障するくらいの）、最大限の力を発揮できるようにして、ひいては国民の期待に応えるようにしておくべきです。

一方で戦争となると、兵士の命を最大限に尊重するなんてできっこない、と感じられるかもしれません。たぶんそのとおりで、ここが戦争に関する最大の矛盾でしょう。なにせ、殺人が合法的に許される場合なんですから。戦場では自分の命を守るもっとも有効な方法は、敵をなるべく早く殺すことで、自軍の兵士を守ろうとするために、他国の無用の被害を引き起こしている例は前に述べました。お互いにそうなのですから、兵力が拮抗している場合には生還は期しがたくなる道理です。

それでも人類は、いよいよとなったら降伏することを許すような手段で、兵士であっても無駄死にはできるだけ減らすような工夫を、ジュネーブ条約以来してきたのです。一方で大量破壊を招く兵器はどんどん開発され、使用されてもきたとしても、戦時でもぎりぎり可能な人命尊重の理念はなんとか残していくように、粘り強く努力していかなければならないだろうと思います。人命がこの世でいちばん大切かどうかについてはすこし迷いがありますが、なにしろ、国がそれをいたずらに奪うことは許されないからです。

ですから、特攻隊やら人間魚雷やら、兵士が死ななければ成り立たないような攻撃方法は、近代戦争の作戦としてまったく体をなさないことは、くれぐれも銘記すべきです。だいたい、そうでもしなければもう戦う手段が残っていないというなら、その時点で戦争は負けなのです。潔く降伏するしかありません。

終戦間際には、日本が降伏すれば、アメリカ軍がなだれ込んできて、男はみんな殺され、女はみんな犯される、なんぞというデマが流れたようです。それが結果として、特攻隊や人間魚雷のような無茶な作戦やら、沖縄戦での集団自決のような悲劇を招いた原因の一つになった。これからすると、正しい情報は、戦争のような危機の時期にこそもっとも必要なのだということがわかります。国はどういう場合でも、言論と報道の自由は最大限尊重しなければならないでしょう。それで厭戦気分が広がって、戦争に負けることがあっても（ヴェトナム戦争時のアメリカがほぼそうでした）、国民を無駄死にさせるよりはマシなのですから。

自民党の憲法改正案から考える

最後に、昨年（二〇〇五年）矢継ぎ早に出された自民党の憲法改正案中、軍備の部分を見て、その感想を記すかたちで、私が考える憲法九条改正の方向を示しておきましょう。八月一日に新憲法第一次案、十月十二日に新憲法第二次案、そして十一月二十二日に新憲法草案と呼ばれるものが出ました（すべて http://www.jimin.jp/jimin/shin_kenpou/shiryou/index.html から見ることができます）。

「第二章　安全保障」とされている部分はすべてに共通します。そしてその中身は、「第一次案」と「第二次案」ではまったく同じで、「新憲法草案」では大きく変わって、非常に簡潔なものになりました。次に、それぞれの全文を掲げます。

【新憲法第一次・第二次案】（以下「案」と略記する）

第二章　安全保障

（安全保障と平和主義）

第九条　日本国民は、諸国民の公正と信義に対する信頼に基づき恒久の国際平和を実現するという平和主義の理念を崇高なものと認め、正義と秩序を基調とする国際平和を誠実に希求する平和国家としての実績に係る国際的な信頼にこたえるため、この理念を将来にわたり堅持する。
2　前項の理念を踏まえ、国際紛争を解決する手段としては、戦争その他の武力の行使又は武力による威嚇を永久に行わないこととする。
3　日本国民は、第一項の理念に基づき、国際社会の平和及び安全の確保のために国際的に協調して行われる活動に主体的かつ積極的に寄与するよう努めるものとする。
（自衛軍）
第九条の二　侵略から我が国を防衛し、国家の平和及び独立並びに国民の安全を確保するため、自衛軍を保持する。
2　自衛軍は、自衛のために必要な限度での活動のほか、法律の定めるところにより、国際社会の平和及び安全の確保のために国際的に協調して行われる活動並びに我が国の基本的な公共の秩序の維持のための活動を行うことができる。
3　自衛軍による活動は、我が国の法令並びに国際法規及び国際慣例を遵守して行わなければならない。

4　自衛軍の組織及び運営に関する事項は、法律で定める。

（自衛軍の統制）

第九条の三　自衛軍は、内閣総理大臣の指揮監督に服する。

2　前条第二項に定める自衛軍の活動については、事前に、時宜によっては事後に、法律の定めるところにより、国会の承認を受けなければならない。

3　前二項に定めるもののほか、自衛軍の統制に関し必要な事項は、法律で定める。

【新憲法草案】（以下「草案」と略記する）

第二章　安全保障

（平和主義）

第九条　日本国民は、正義と秩序を基調とする国際平和を誠実に希求し、国権の発動たる戦争と、武力による威嚇又は武力の行使は、国際紛争を解決する手段としては、永久にこれを放棄する。

（自衛軍）

第九条の二　我が国の平和と独立並びに国及び国民の安全を確保するため、内閣総理大臣を最高指揮権者とする自衛軍を保持する。
2　自衛軍は、前項の規定による任務を遂行するための活動を行うにつき、法律の定めるところにより、国会の承認その他の統制に服する。
3　自衛軍は、第一項の規定による任務を遂行するための活動のほか、法律の定めるところにより、国際社会の平和と安全を確保するために国際的に協調して行われる活動及び緊急事態における公の秩序を維持し、又は国民の生命若しくは自由を守るための活動を行うことができる。
4　前二項に定めるもののほか、自衛軍の組織及び統制に関する事項は、法律で定める。

「草案」のほうがさまざまな妥協の産物で、結果としてかえって各方面に不満を残すものになったことは、九条の一項が現行のままになっているところからもうかがえます。「案」のほうは、その一項の最初に、「国際的な信頼にこたえる」をおいて、海外の評価を非常に気にしているものになっていますね。そこでさらに3で、「国際社会の平和及び安全の確保のために国際的に協調して行われる活動に主体的かつ積極的に寄与する」なんて、いままで日本のPKO活動などはすこしも主体的ではなかったという思いが滲み出ているようで、いじましい感じがします。

いや、日本が将来、国連安保理の常任理事国になるにせよならないにせよ、日本の国力からすれば、もっともっとそういう、いわゆる集団安全保障体制に寄与すべきだ、というのも正当かもしれません。それにしてもこういうことは、各国の事情に合わせて応分の負担をする、というかたちで行うしかないものではないでしょうか。積極的に、どしどしやろうというのは、すこし違う気がします。

一般論としては、日本から見て軍隊を出すことに理も利もない、と思えたら、国連やアメリカからなんといわれても、出すことはない。主権国家なら当たり前のはずなのです。だから「積極的」も「主体的」もわざわざ条文にするにはあたらない、と私は思います。

自衛軍の思想

それで、元にもどった「草案」ですが、どうでしょうか。現行の二項をそっくり削ったのは賛成ですが、一項にしても、パリ不戦条約に基づけば「国際紛争」とは侵略戦争を指し、なんたらかんたらの、誤解を招きやすい文言はいらないのじゃないでしょうか。

そこで、現行憲法を生かすとしたら、「日本国民は、正義と秩序を基調とする国際平和を誠実に希求し、国権の発動たる戦争は、永久にこれを放棄する」だけでいいのではないですか？　相手から現に攻められたり、攻めるぞと脅かされるのでないかぎり、自国の都合だけで勝手に軍隊を使わないことだけを約束し、かつまた誠実に実行するのです。

アメリカの真似はもちろん、フォークランド紛争を引き起こしたイギリスみたいな真似はしない、ということ。竹島問題のような領土問題でも、北朝鮮による拉致被害のような、「国民の安全を守る」という観点からはそれ以上に重要な問題でも、なんとか武力は使わないで解決を図る、それだけでも十分、平和国家を名乗る資格はあると思うのです。

ついでながら、日本は戦後、これだけはちゃんとやってきました。実績があるぶんだけ、現実的だということになるでしょう。

次に、自衛軍の「ほか」の任務を定めた「二の2」は、むしろ「案」のほうがすっきりしていてよいと思います。念のためにまとめておきますと、自衛軍の活動領域は、①外敵からわが国を守るいわゆる国防、②国内の騒擾（そうじょう）が警察だけでは対処しきれなくなったときの治安維持活動、③海外で集団安全保障体制の一翼を担う、になるということでしょう。「草案」で、「公の秩序を維持」のあとに「又は」として「国民の生命若しくは自由を守る」とつける必要があるのでしょうか？

それは国内なら警察の仕事のはずなので、わざわざこういうのは、海外での日本人のことまで考えているのか？　と、勘繰（かんぐ）られます。在外邦人を守るという名目で大陸に出兵した故事を思い出すと、どうも……というのは邪推（じゃすい）であるとしても、ともかく、いらぬ誤解を招く文言はないに越したことはないでしょう。

いちばんの問題は、自衛軍の指揮統制に関する「案」の三項、「草案」では二項の１および２だろうと思います。ここは「ほかの法律」によらず、憲法でもっと細かく決めておいてもいいのではないでしょうか。

内閣総理大臣は現在の自衛隊でも最高指揮監督者ではありますが（自衛隊法第七条）、戦地で軍事行動の指揮をするわけではないでしょう。その命令は出動と撤退に関して出されるべきものです。特に後者の場合、総理大臣の命令一下、ただちに引き上げることができる軍隊でなくてはなりません。

そして出動の場合、つまり実際に軍事力を行使する場合には、原則として必ず国民の代表たる国会の承認を得るように決めておくべきです。この点、「草案」が、いわゆる国防に関する事案のときだけ、「国会の承認その他の統制」が必要なように読めてしまうのは、不備だと思います。

国会審議の余裕もないほどの緊急事態になれば、まずいわゆる有事立法によって、自衛軍にはどこまでできるか定めておいたうえで、総理大臣一個の決断と責任で軍を動かすこともあるでしょう。そのときは事後に必ず国会で審問され、必要性を否認されたときには、内閣総辞職か衆議院の解散で、国民の信を問う、そこまで明確に定めておいていいと思います。

なにしろこれは、国民の基本的人権をかなり制限しなければならない事態なのですから、それくらいの縛りはあってしかるべきです。

以上、簡単に申し上げましたが、自民党も「草案」が最終的な改正案だとは考えていないようですし、今年中には民主党や公明党の案も出され、実際の改正までにはもっともっとさまざまな考察を積み上げられるでしょうし、またそうでなくてはなりません。

いちばんの目標は、暴力をなくすことができないこの世界で、できるかぎり暴力のコントロールができるような方途を探ることです。何度、現実に裏切られようと、人類の未来をすこしでも明るくしようとするなら、ここを外すわけにはいきません。

われわれは、日本という国が、現実の趨勢（すうせい）に応じてさまざまに揺れはしても、この一点でだけはブレないよう、主権者として、心がけていかなくてはならないと思うのです。

おわりに

二〇〇六（平成十八）年七月三日、本書の校正刷りをPHP研究所に送り返しました。それから二日たって、朝起きたら、明け方、北朝鮮がミサイル六発を発射したというニュースが入りました。夕刻にはさらにもう一発。すべて日本から数百キロ離れた日本海に着弾。うち一発は長距離弾道ミサイル・テポドン2号で、すぐ近くへ落ちたのはどうやら失敗した可能性が大だそうです。

成功したらどこへ落ちるはずだったのか？　アラスカか、あるいはハワイか？　なんて話も飛び交っています。アメリカの領土はもちろん、領海に落ちても、ただちにかの国は軍を出すでしょう。すると日米安保条約の新ガイドライン（一九九七年合意、関連法案の可決は九九年）に則って、自衛隊はその後方支援をすることになる。国全体としてはまちがいなく、北朝鮮と戦争状態に入るのです。当然、日本を直接ねらった攻撃も考えられます。あらためてミサイルが飛んでくるか、特殊工作部隊によるテロか。

いまこれを書いている七月九日現在で、北朝鮮はさらにもう一発、テポドン2号発射の準備を進めているらしいというニュースが入っています。かくして戦争は、今回は起きないとしても、いままで以上に日本人にとって身近にはなりました……んですよね？と、いうようなことは本書とはあまり関係ありません。国際問題や軍事問題を論じたかったわけではないですから。北朝鮮をどう扱ったらいいのか、なんて、私に創見があるわけでもないですから。時期的に、本書の仕上げとピタリと重なってしまったために、ふれずにはいられないような気がしただけの話です。

それにしても、「憲法九条を守りさえしたら、日本は決して戦争には巻き込まれないはずなのに、いったいなんたることだ」なんて思う人がいるでしょうか？　前に述べたような事態になって、日本人にも何人も死傷者が出たら、きっと……。いや、そのときは、名実ともにもう完璧な戦争なんですから、それへの差し迫った対応に国じゅう大わらわで、憲法なんて紙きれを思い出している暇もないでしょう。

やはり考えるならいまです。とりあえずだれも戦争で死んでいないときにこそ、じっくり、ややのどかに、「平和憲法を抱いて過ごしてきた日本の戦後六十年間とはいったいなんだったのか」などと自問自答もできます。

「なんのためにそんなことをする？」と反問されたら、「あなたも私も主権者なんだから」という答えでとりあえずいいと思っています。が、それだけで新書一冊まとめるわけはありません。おおもとには私の個人的な執着があります。すこしは気にする人もいるかもしれないので、ちょっと告白しておきましょう。

戦後日本の平和主義にはどうも矛盾がある、とは、いまとなっては思い出せないくらいむかしに私の心の中に宿った考えです。それは結局なんなのか、自分の中でははっきりさせておきたい、と思う程度に、私はプライドが高かったのです。

もとより、核ミサイルが近くに落ちたら、ただちに消し飛んでしまう、はかない存在でしかないですし、金正日などに働きかけて、それをやめさせる手段もない。国全体を動かすなんて夢にも考えられない庶民です。それでも、他人を直接どうこうする力はなくても、逆に他人や国家によって、あまりにも簡単に、どうこうされるのは、やっぱり悔しい。それにすこしでも対抗しようと思ったら、ない頭でもふりしぼって自分で考えるしかない。ずっとそう思ってきました。

基本のところはこれで終わりです。あともうちょっと、本書執筆にいたるまでの経過にふれます。

前著『団塊の世代とは何だったのか』で、「戦後を見なおそう」などと呼びかけましたのは、端的には、戦後日本思想の中心核は、憲法九条に象徴される「平和主義」なのだから、一度はこれとじっくり取り組むべきではないか、というメッセージのつもりだったのです。この本の最終章に、本書第2章でも取り上げた、湾岸戦争時のアーミテージ大使の言葉が、いささか唐突に出てくるのもその現れです。以上は、私の本を二冊も読んでくださったすばらしい人への弁明として述べました。

それから、こういう私のために先達者になってくださった人もいたことは、ふれておかねばならないでしょう。いまも私淑(ししゅく)している福田恆存先生がその代表で、「平和の理念」(『福田恆存全集 第五巻』所収)などの文章に、本書の考えの基本はほぼ尽きています。私にできたことは、諸先輩の業績を自分なりに咀嚼(そしゃく)して、多くの人によりわかりやすく、身近に感じられるかたちで、「戦後日本平和主義批判」を展開したことです。それがうまくいったかどうかは、もちろん読者の判断におまかせするしかありません。

このような一私人の願望に、さまざまな助言を与えてくださり、最後にはこうして新書の形で世に出してくださった、PHP研究所の若き編集者・林知輝氏には、ただ感謝するしかありません。いまは、この出版は失敗としかいえない、というような結果には終わらないよう、祈るのみです。

二〇〇六年七月九日

由紀草一

〈第 4 章〉
加藤典洋『敗戦後論』(講談社、1997 年)
日高六郎『私の平和論――戦前から戦後へ』(岩波新書、1995 年)
加藤典洋『戦後を戦後以後、考える』(岩波ブックレット、1998 年)
川村湊『戦後批評論』(講談社、1998 年)
柄谷行人、岩井克人『終りなき世界――90 年代の論理』(太田出版、1990 年)
柄谷行人『〈戦前〉の思考』(講談社学術文庫、2001 年)
内村鑑三著、鈴木俊郎訳『余は如何にして基督信徒となりし乎』(岩波文庫、改版 1958 年)
高橋哲哉『戦後責任論』(講談社、1999 年)
小林よしのり『新ゴーマニズム宣言 3』(小学館文庫、2001 年)
日本戦没学生記念会編『きけ わだつみのこえ――日本戦没学生の手記』(岩波文庫、新版 1995 年)
フロイト著、高橋義孝ほか訳『フロイト著作集 3 文化・芸術論』(人文書院、1969 年)
トマス・ホッブズ著、水田洋訳『リヴァイアサン』全 4 巻(岩波文庫、1954 ～ 85 年)

〈第 5 章〉
内田樹『ためらいの倫理学――戦争・性・物語』(角川文庫、2003 年)
スーザン・ソンタグ著、木幡和枝訳『この時代に想う テロへの眼差し』(ＮＴＴ出版、2002 年)
大江健三郎『ヒロシマ・ノート』(岩波新書、1965 年)
ジョージ・バーナード・ショー著、安西徹雄訳『シーザーとクレオパトラ』(ＢＢＣ文庫、デジタル初版 2001 年)
ロジェ・カイヨワ著、秋枝茂夫訳『戦争論――われわれの内にひそむ女神ベローナ』(法政大学出版局、1974 年)
阿川弘之『山本五十六(下)』(新潮文庫、1973 年)
ジョン・ロック著、伊藤宏之訳『全訳 統治論』(柏書房、1997 年)

●引用文献一覧（本書で直接言及した単行本・文庫・新書、登場順）

〈第１章／註としてのコラム１〉

童話屋編集部編『あたらしい憲法のはなし』（童話屋、2001年）

半藤一利『日本国憲法の二〇〇日』（プレジデント社、2003年）

古関彰一『日本国憲法・検証 1945-2000 資料と論点 第5巻 九条と安全保障』（小学館文庫、2001年）

今井一『「憲法九条」国民投票』（集英社新書、2003年）

ジョージ・オーウェル著、小野寺健編訳『オーウェル評論集』（岩波文庫、1982年）

ロバート・ケーガン著、山岡洋一訳『ネオコンの論理――アメリカ新保守主義の世界戦略』（光文社、2003年）

井筒和幸ほか『憲法を変えて戦争へ行こう という世の中にしないための18人の発言』（岩波ブックレット、2005年）

小林直樹『憲法第九条』（岩波新書、1982年）

『論座』編集部編『リベラルからの反撃――アジア・靖国・９条』（朝日選書、2006年）

三好十郎『日本および日本人――抵抗のよりどころは何か』（光文社、1954年）

三好十郎「その人を知らず」（『三好十郎の仕事』第３巻、學藝書林、1968年）

トルストイ著、中村白葉訳『トルストイ民話集 イワンのばか 他八篇』（岩波文庫、1966年）

ドストエフスキー著、原卓也訳『カラマーゾフの兄弟（上）』（新潮文庫、1978年）

トルストイ著、木村浩訳『アンナ・カレーニナ（下）』（新潮文庫、1972年）

ドストエフスキー著、米川正夫訳『作家の日記（５）』（岩波文庫、1959年）

西修『日本国憲法を考える』（文春新書、1999年）

大沼保昭ほか編『国際条約集 2004年版』（有斐閣、2004年）

＊日本国憲法誕生時の主要な資料は、国立国会図書館ホームページのギャラリー「日本国憲法の誕生」(http://www.ndl.go.jp/constitution/etc/j01.html)で見ることができます。

〈第２章〉

佐々木芳隆『海を渡る自衛隊』（岩波新書、1992年）

中曽根康弘、宮澤喜一『憲法大論争 改憲 vs.護憲』（朝日文庫、2000年）

〈第３章〉

日本ペンクラブ編『それでも私は戦争に反対します。』（平凡社、2004年）

保阪正康『戦争観なき平和論』（中央公論新社、2003年）

石橋政嗣『非武装中立論』（日本社会党中央本部機関紙局、1980年）

PHP INTERFACE
http://www.php.co.jp/

由紀草一[ゆうき・そういち]

1954年茨城県生まれ。批評家。早稲田大学大学院文学研究科芸術学(演劇)専攻修了。現在、茨城県の公立高校(定時制)の教諭を務めながら、幅広い分野で発言を続ける。
おもな著書に『団塊の世代とは何だったのか』(洋泉社・新書y)、『学校はいかに語られたか』(JICC出版局)、『思想以前』(洋泉社)、共著に『学校の現在』(大和書房)、『間違いだらけのいじめ論議』(宝島社)、『20世紀の戯曲Ⅰ～Ⅲ』(社会評論社)などがある。

軟弱者の戦争論
憲法九条をとことん考えなおしてみました。
(PHP新書412)

二〇〇六年九月一日 第一版第一刷

著者――由紀草一
発行者――江口克彦
発行所――PHP研究所
東京本部――〒102-8331 千代田区三番町3-10
新書出版部 ☎03-3239-6298(編集)
普及一部 ☎03-3239-6233(販売)
京都本部――〒601-8411 京都市南区西九条北ノ内町11
制作協力――月岡廣吉郎
装幀者――芦澤泰偉+児崎雅淑
印刷所 製本所――図書印刷株式会社

ISBN4-569-65572-6

ＰＨＰ新書刊行にあたって

「繁栄を通じて平和と幸福を」(PEACE and HAPPINESS through PROSPERITY)の願いのもと、ＰＨＰ研究所が創設されて今年で五十周年を迎えます。その歩みは、日本人が先の戦争を乗り越え、並々ならぬ努力を続けて、今日の繁栄を築き上げてきた軌跡に重なります。

しかし、平和で豊かな生活を手にした現在、多くの日本人は、自分が何のために生きているのか、どのように生きていきたいのかを、見失いつつあるように思われます。そして、その間にも、日本国内や世界のみならず地球規模での大きな変化が日々生起し、解決すべき問題となって私たちのもとに押し寄せてきます。

このような時代に人生の確かな価値を見出し、生きる喜びに満ちあふれた社会を実現するために、いま何が求められているのでしょうか。それは、先達が培ってきた知恵を紡ぎ直すこと、その上で自分たち一人一人がおかれた現実と進むべき未来について丹念に考えていくこと以外にはありません。

その営みは、単なる知識に終わらない深い思索へ、そしてよく生きるための哲学への旅でもあります。弊所が創設五十周年を迎えましたのを機に、ＰＨＰ新書を創刊し、この新たな旅を読者と共に歩んでいきたいと思っています。多くの読者の共感と支援を心よりお願いいたします。

一九九六年十月

ＰＨＰ研究所